ERWIN WAGENHOFER SABINE KRIECHBAUM

BUT BEAUTIFUL

Nichts existiert unabhängig

VERLAG ANTJE KUNSTMANN

INHALT

PROLOG – SICH HOHE ZIELE SETZEN

»Das Problem des Menschen ist nicht, sich zu hohe Ziele zu setzen und zu scheitern, sondern sich zu niedrige Ziele zu setzen und Erfolg zu haben.«
Michelangelo

Viele Jahre lang habe ich mich in meiner filmischen Arbeit mit den Dysfunktionen und Fehlentwicklungen der Welt beschäftigt. Zum einen schien es mir dringlicher und zum anderen ist es auch einfacher etwas zu zeigen oder zu erzählen, das nicht funktioniert oder sich in die falsche Richtung entwickelt hat. Jetzt ist es für mich an der Zeit, die schwierigere Herausforderung anzunehmen, mir mit *But Beautiful* ein hohes Ziel zu setzen: Wie könnte ein gutes, ein gelungenes Leben aussehen und wie könnten wir Bilder und Geschichten finden, die vom »schönen Leben« erzählen?

Das sind die ersten Gedanken, die ich Anfang 2015 für ein Papier formuliere, welches unter dem Namen »Projektentwicklung« den offiziellen Startschuss zu *But Beautiful* abgibt. Es ist Winter und nach gut eineinhalb Jahren auf Tour mit *Alphabet* in ganz Europa wollen wir daran gehen, etwas in die Welt zu bringen, was schon lange im Kopf Gestalt angenommen hat.

Wenn ein neuer Film dort anfängt, wo der vorhergegangene endet, sieht man in der eigenen Arbeit eine organische Kontinuität, die einem selbst erst hinterher bewusst wird.

Mein erster Kinofilm *We Feed The World* endet am Nordostufer des Genfer Sees, in dem malerischen Städtchen Vevey, im Headquarter des größten Lebensmittelkonzerns der Welt.

Keine zwei Gehminuten davon entfernt befindet sich die Talstation der Standseilbahn, welche hinauf auf den Mont Pèlerin führt und genau dort setzt der nächste Film *Let's Make Money* an.

In eben dieser Standseilbahn schraubt sich eine Einstellung hinauf auf den Mont Pèlerin und endet im Hotel du Parc. Hier trafen im April 1947 bedeutende Denker des 20. Jahrhunderts zusammen, um über die Zukunft der Welt nachzudenken und gründeten zu diesem Zweck die Mont Pèlerin Society, einen bis heute einflussreichen Think Tank, auf den das Phänomen des Neoliberalismus zurückreicht.

Die letzte Einstellung von *Let's Make Money* zeigt die Spuren russischer Soldaten, die diese im Keller des deutschen Reichstags hinterlassen haben. An die Wände geschriebene Notizen, Zeugnisse vom Ende des Naziterrors und somit des Zweiten Weltkriegs. Eine Schulklasse kommt von links ins Bild und marschiert unbekümmert an diesen Dokumenten vorbei in Richtung Kantine.

Dass der nächste Film, der fünf Jahre später in die Kinos kommen wird, *Alphabet* heißen wird und sich mit der Haltung hinter der Bildung eben dieser Jugendlichen beschäftigt, ist zu diesem Zeitpunkt noch nicht klar, aber schon längst angelegt.

Und *Alphabet* wiederum zeigt in seinem letzten Bild einen Drachen, der vom Wind getragen im Himmel tanzend seine Spuren zieht, bis er aus dem Bild segelt und nur mehr eine blaue Fläche zurücklässt. Aus dem Off hören wir dazu den britischen Bildungsexperten Sir Ken Robinson einen letzten Gedanken sagen:

Es gibt drei Arten von Menschen auf der Welt: die, die unbeweglich sind, die, die beweglich sind, und die, die sich bewegen. Ich ermutige Sie, sich zu bewegen und einen Schritt vorwärts zu tun.

Robinson beendet mit diesen Gedanken nicht nur den Film *Alphabet*, sondern auch einen Vortrag aus dem Jahre 2008, den er in der Londoner Royal Society of Arts gehalten hat.

Und hier schließt sich vorerst der Kreis, denn bevor er diesen letzten Gedanken ausspricht, zitiert er den wohl bedeutendsten Künstler der italienischen Hochrenaissance, Michelangelo: »Das Problem des Menschen ist nicht, sich zu hohe Ziele zu setzen und zu scheitern, sondern sich zu niedrige Ziele zu setzen und Erfolg zu haben.«

Lange Zeit war auch dieser Satz in der Rohschnittversion von *Alphabet* enthalten, bevor er dem Feinschnitt zum Opfer fiel. Heute wird klar, warum: Die Zeit war noch nicht reif, und so wurde dieser Satz, dieser Gedanke zum Motto des aktuellen Projektes.

Der Film und das Buch tragen den Titel *But Beautiful*, ein »schön« mit einem »aber« davor. Wir wollten von Anfang an davon träumen, wie ein gutes, ein schönes und gleichzeitig sinnvolles Leben auf unserem blauen Planeten aussehen kann. Dazu braucht es nicht viel, wahrscheinlich nur einen Perspektivenwechsel, eine Veränderung der eigenen Position, der geistigen vor allem.

Sich hohe Ziele setzen« meint, unser Licht zu sehen und nicht unsere Dunkelheit, unsere Kräfte ins Lebenszentrum rücken und nicht unsere Ängste; meint, die Welt als Ort der Fülle zu begreifen.

»*Sich hohe Ziele setzen*« meint zu verstehen, dass die Sonne in nur drei Stunden soviel Energie liefert, dass der Jahresenergiebedarf der gesamten Erdbevölkerung damit abgedeckt werden kann.

»*Sich hohe Ziele setzen*« meint, das Verbindende ins Zentrum zu rücken und das Trennende an den Rand; meint, wir haben 3,5 Milliarden Jahre gemeinsame Geschichte hinter uns, die für uns zugänglich ist, wenn wir die Sensibilität haben.

»*Sich hohe Ziele setzen*« meint, die Welt ist nicht determiniert, die Schöpfung ist nicht abgeschlossen, sondern passiert in jedem Moment, und wir können daran aktiv und kreativ teilnehmen, dazu lädt uns das Leben in jedem Augenblick ein.

»*Sich hohe Ziele setzen*« meint, die Welt besteht aus Beziehungen und es liegt an uns, wie wir diese Beziehungen leben und gestalten.

But Beautiful erzählt von Menschen, die sich auf den Weg gemacht haben, um Beziehungen zu führen, um lebendig zu sein.

Der wunderbare österreichische Physiker und Mitbegründer der kybernetischen Wissenschaften Heinz von Förster war am Ende seines langen und schöpferischen Lebens davon überzeugt, dass die Zukunft jenen großen Geistern gehört, die Verbindungen sehen, die integrieren anstatt zu separieren.

Lassen Sie sich einladen und ermutigen, Veränderungen herbeizuführen, die in Ihren Händen und in Ihren Möglichkeiten liegen, auch wenn diese Veränderungen noch so klein erscheinen mögen. Diese Veränderungen vor allem der Beziehungen sind die wirklich hohen Ziele, und sie können in diesem Moment begonnen werden. *Setzen Sie sich hohe Ziele.*

VORGESCHICHTE

Kurz vor Weihnachten in den frühen 1990er Jahren höre ich im Radio an einem Samstagnachmittag die Sendung *Diagonal*, die sich ganz dem neuen Buch von Geoff Dyer widmet. Ich erinnere mich, dass wir damals einem Freund halfen, ein neues Bad einzurichten, während im Hintergrund aus dem Radio Wolfgang Kos von Dyers Buch *But Beautiful*, einem Buch über Jazz, schwärmte.

Nicht wie sie waren, sondern wie sie gewesen sein könnten beziehungsweise wie sie dem Autor erschienen sind, so nähert sich Dyer einer ausgesuchten Gruppe von Jazzmusikern die vornehmlich in den 40er-, 50er-Jahren aktiv waren: Lester Young, Thelonious Monk, Bud Powell, Charlie Mingus, Chet Baker, Art Pepper, Ben Webster. Die Episoden über Duke Ellington ziehen sich wie ein Roadmovie durch eines der faszinierendsten und originellsten Bücher über Jazz. Das Raffinierte an Dyers Buch ist, dass er Fakten mit Fiktion zu einer gelungenen Symbiose vermischt und so ergreifend nah an die Menschen hinter der Musik herankommt.

Der Titel, hergeleitet von einem Jazzstandard aus dem Jahre 1947 von Jimmy Van Heusen und Jonny Burks, hatte es mir von Anfang an angetan: ein Schön mit einem Aber davor.

Love is funny, or it's sad
Or it's quiet, or it's bad
It's a good thing or it's bad
But beautiful

Von meinem zehnten Lebensjahr an spielte ich Trompete, und einer meiner Träume war, Jazzmusiker zu werden. Mit siebzehn Jahren musste ich diesen Traum begraben, als mir klar wurde, dass ich die Musik, die ich in mir spürte, nicht auf das Instrument übertragen konnte. Von einem Tag auf den anderen schloss ich den Trompetenkoffer für immer und wandte mich dem Film zu.

Doch als ich an jenem Samstagnachmittag – inzwischen Anfang dreißig – dieser Radiosendung mehr und mehr Aufmerksamkeit schenkte, wurde in mir etwas angestoßen, begann etwas zu schwingen, was sich viele Jahre später in einem Kinofilm niederschlagen sollte. Im Zentrum dieser Resonanz stand die Frage: Wie gehen die Musiker eine Beziehung mit der Musik ein, wie sind sie untereinander verbunden, welches Band hält sie zusammen, wenn sie weder Noten haben und – was bei Jamsessions oft der Fall ist – einander kaum kennen?

Jazzmusik folgt einem Grundmuster von Ruf und Antwort, dem musikalischen Merkmal der traditionellen afrikanischen Musik. Man kann dieses Muster auch Dialog nennen oder einen musikalischen Austausch von Gedanken und Gefühlen. Diese Konversation ist es, die die Musiker miteinander verbindet und so zwischen ihnen eine Beziehung entstehen lässt. Verbundenheit, Beziehung, Dialog sind meiner Meinung nach eine Grundvoraussetzung für ein lebendiges Leben, wenn es gelingen soll.

Die Verbundenheit, ein in erster Linie weibliches Prinzip, wird und darf kaum mehr gelebt werden, eben weil uns der Wettbewerb als einziges Überlebensprinzip eingeredet wurde, unter anderen von den Experten der Mont Pèlerin Society, unter ihnen gleich mehrere sogenannte Wirtschafts-Nobelpreisträger.

Begriffe wie Liebe, Verbundenheit, Weiblichkeit und Sinnlichkeit lösen inzwischen beim sogenannten modernen, scheinbar aufgeklärten Menschen der westlichen Welt leicht Unbehagen, wenn nicht gar Ablehnung aus. Eine verständliche Reaktion, denn das große Projekt der Moderne war ja, den Menschen durch Technik zu erlösen. Dieses rein materiell fixierte Weltbild hilft uns aber in der jetzigen, festgefahrenen Situation nicht mehr weiter.

Die Idee war es daher, einen Film zu machen, der sich von den überholten Denkmustern abwendet und die Themen Verbundenheit, und Sinnlichkeit ins Zentrum nimmt.

Beginnen wir den Blick auf »Anderes« zu lenken, auf etwas, das bei oberflächlicher Betrachtung zunächst gar nicht zu sehen ist, weil es von den (vor)lauten, lärmenden Massenmedien in den Hintergrund, in die Unschärfe verdrängt wird – ein Blick eben auf das Schöne! Mehr denn je glaube ich, dass wir diesen Blick brauchen, und zwar nicht, um uns zu beruhigen, sondern um uns zu besinnen.

Wie entsteht ein Film?

Film ist für mich eine Kontextkunst. Inhalte – ob rationale oder emotionale – werden beim Film erst durch die Zusammenhänge der einzelnen Einstellungen hergestellt. Diese Zusammenhänge entstehen erst durch den Filmemacher. Am Anfang steht eine Idee, es folgt ein Konzept, welches in einem Drehbuch formuliert wird, dann folgt die Umsetzung, ein Prozess, in dem es in erster Linie darum geht, was möglich ist und mit wem. Gegen Ende kommt das, was wir Montage oder Schnitt nennen, sprich eine letzte Möglichkeit, das Drehbuch fertig zu schreiben.

Diese Vorgänge werden von Menschen ermöglicht, Subjekten also, und daher hat die filmische Kontextkunst nichts mit Objektivität zu tun. Mit Objektiv ist in unserer Arbeit die Linse, die vorne an der Kamera angebracht ist, gemeint. Und selbst der Umgang mit derselben unterliegt den handelnden Personen. Es war mir daher schon immer ein Rätsel, wie ein Subjekt objektiv sein soll.

Der mechanische Objektivismus versetzt die Subjekte in eine trügerische Passivität, schreibt Antonio Gramsci und weiter: Warum sollte man lernen und sich anstrengen, wenn unabhängig von allem Tun »objektive« Gesetzmäßigkeiten den Lauf der Dinge bestimmen?

Der Kontext, das Zusammenweben, wenn man so will, entsteht durch die verschiedensten Impulse, die oft ganz plötzlich auftauchen und zeitlich weit auseinanderliegen können. Michelangelo, Ken Robinson, Geoff Dyer wurden als Inspirationsquellen schon erwähnt und bis zum fertigen Film kommen noch viele hinzu.

Wer die Kunst des Kontextes richtig versteht und die Beziehung zwischen den miteinander verbundenen Teilen in die richtige Balance

bringt, der bringt dadurch Inspiration in die Welt und lässt sich umgekehrt von ihr inspirieren.

»Receiving when giving« nennt der Dalai Lama diesen Austausch, und er kann unzählige wissenschaftliche Studien anführen, die belegen, dass Menschen, die so ausgerichtet durchs Leben gehen, ein erfüllteres, gesünderes und letztlich auch längeres Leben haben. Niedergeschrieben wurde es in seinem Buch *Book of Joy*.

Im Hochsommer 2011 ist auf dem langen Weg zu *But Beautiful* wieder so ein Moment des Empfangens.

Roland Teichmann, der Direktor des Österreichischen Filminstitutes, stellt mir einen Mann vor, den er so beschrieb: »Bioschweinezüchter, Jazznarr, Musikproduzent, Posaunist, Jazz-Festivalleiter, beheimatet im Innviertler Sauwald, sein Name: Paul Zauner.«

Paul Zauner mit Worten gerecht zu werden, ist nicht einfach. Er ist gelassen, mutig, offen, unkonventionell, hat das Herz am rechten Fleck und ist doch eigensinnig. Umhauen kann ihn so schnell nichts und dennoch ist er enorm feinfühlig. Sein Leben ist der Jazz, sein Lebenswerk sein eigenes Jazz-Festival.

Die MusikerInnen, die hier vorgestellt werden (und sehr viele mehr!), haben wir allesamt während des jährlich zu den Pfingstfeiertagen stattfindenden Jazz-Festivals »Inntöne« kennen gelernt, in den Jahren 2012, 2014 und 2015. Dafür und nicht nur dafür sind wir Paul Zauner zu großem Dank verpflichtet.

Das Inntöne Jazzfestival wurde von Paul Zauner erstmals 1985 ins Leben gerufen und zählt zu den renommiertesten im deutschsprachigen Raum. Was es auszeichnet, ist die Haltung seines Erfinders und Leiters, hier wird Jazz als Innovation gelebt und nicht als Stil, hier geht es um den Spirit, hier werden Persönlichkeiten eingeladen und nicht massentaugliche Stars.

»MUSIC IS JUST ALREADY HERE« ODER »EFFORTLESS MASTERY«

AUS DER MUSIKALISCHEN WELT DES NEW YORKER PIANISTEN KENNY WERNER

»Innovation is the tradition of Jazz. So when innovation was the tradition of Jazz, Jazz was a spiritual path. When Jazz was a style it became a religion.«

Kenny Werner

Mai 2015. Das Inntöne Jazzfestival, von Radiosendern weltweit übertragen, versinkt ausgerechnet bei seinem 30. Jubiläum völlig im Schlamm. Auf dem Bauernhof des Veranstalters Paul Zauner, beliebt bei Musikern und Publikum wegen seiner originellen Location, der traumhaften Lage im Sauwald und dem außergewöhnlichen Zusammentreffen von Musikergrößen aus aller Welt, will sich die übliche festliche Stimmung nicht so recht einstellen. Nicht nur sind wegen des tagelang strömenden Regens viele Zuhörer erst gar nicht angereist, auch die großartigen Musiker können die gedämpfte Stimmung nur schwer heben. Es ist, als hätte das Prasseln des Regens auf das Scheunendach die Wirkkraft der Musik beschlagen. Es ist kalt und feucht, und wir sind froh, dass das Ende naht. Noch ein Konzert von uns bislang unbekannten Musikern: Benjamin Koppel, Saxophon, und Kenny Werner, Piano. Sie spielen sich aller Trübnis zum Trotz sehr schnell in Rage, sodass endlich auch das Publikum in Schwung kommt. Nach einigen Nummern der beiden Virtuosen schwingt der ganze Saal mit, keiner kann sich mehr entziehen.

Unerwartet haben wir unseren ersten Protagonisten für den Film *But Beautiful* entdeckt. Es stellt sich heraus, dass Kenny Werner, der in den USA in einem Atemzug mit Größen wie Keith Jarrett oder Herbie Hancock genannt wird, nicht nur meisterhaft Piano spielt, sondern auch ein Standardwerk für Musiker geschrieben hat: *Effortless Mastery*, es liest sich wie das Drehbuch unseres Filmprojektes und beginnt mit folgenden Worten:

Da gibt es einen Ozean, einen Ozean des Bewusstseins, einen Ozean der Seligkeit. Jeder von uns ist ein Tropfen in diesem Ozean. In diesem Sinn sind wir alle eins, wir sind alle miteinander verbunden. Eine Einbildung könnte uns denken lassen, wir seien alle getrennte Wesen, vereinzelte Tropfen. Aber wenn das wahr wäre, würden wir ziemlich schnell verdampfen.

Nachdem wir Kenny für unser Filmprojekt angefragt haben, erreicht uns ein paar Stunden später folgende Nachricht: »Eure Idee ist großartig und ich bin sehr gerne dabei. Vielleicht ist jetzt die Zeit, die Welt zu verändern, Erwin ... Ich freue mich darauf, herzlich Kenny«

Drehstart!

Im Herbst 2015 reisen wir, eine vierköpfige Filmcrew und Paul Zauner nach New York, erstes Ziel ist der Stadtteil Harlem. Hier verbringen wir ein paar Tage, um uns einzustimmen, besuchen den Jazzclub »Paris Blues«, treffen mit Musikern wie Craig Harris zusammen, loten Möglichkeiten aus, die letztlich alle verworfen werden.

Am Sonntag, den 11. Oktober fahren wir dann zu unserem eigentlichen Ziel, das zwei Autostunden nördlich der Stadt New York liegt, ganz in der Nähe von Woodstock, wo Kenny Werner mit seiner Frau in einem simplen, aber sehr idyllisch am Waldrand gelegenen Häuschen lebt.

Zauberhafter Indian Summer empfängt uns, und die Werners begegnen uns vom ersten Moment an offenherzig, freundlich und sehr zuvorkommend.

Erster Drehtag bei Kenny Werner, NY, USA

Die erste Einstellung, die wir drehen, wird – das wissen wir zu diesem Zeitpunkt natürlich noch nicht – auch die erste Einstellung des Films sein.

Am nächsten Tag treffen wir Kenny vormittags wie üblich meditierend im Garten an, bis er im kleinen Studio zu üben beginnt, eine weitere Meditation, diesmal eine musikalische ...

Ich war immer mehr an Mystik als an Kunst interessiert. Je mehr die Kunst auf Mystisches hinausläuft, umso mehr interessiert sie mich. Und ich bin für mich zu dem Schluss gekommen, dass die Musik tiefer geht, wenn sie etwas ausdrückt, das größer ist als sie selbst.

Kenny beschreibt sich selbst als Dozent, Komponist, Pianist, Autor Lehrer, Mutmacher und Redner. Geboren 1951 in Brooklyn, N.Y., verbrachte er seine Kindheit in Oceanside, Long Island. Bereits als Kind trat Kenny Werner auf, war doch das Klavierspielen die einzige Aktivität, in der er als schlechter und gelangweilter Schüler brillieren konnte und auch wollte, hier war er in seinem Element, nichts anderes konnte ihn vom Fernsehprogramm loseisen.

Kenny in seinem Studio

Seit mehr als vierzig Jahren tritt er als Pianist weltweit auf, in großen Konzertsälen, in kleinen Bars, auf Festivals, in verschiedensten Gruppierungen und als Solopianist. 1996 entstand ein Buch, dem er selbst kaum Beachtung schenkt, das aber so vielen Musikern und Musikstudenten eine sehr wichtige Lektüre ist, wie ihm über Jahrzehnte eine große Fangemeinde immer wieder mitteilt: *Effortless Mastery: Liberating The Master Musician Within.*

Erst nahezu zwanzig Jahre nach Erscheinen des Buches wird ihm selbst die Bedeutung bewusst, und er gründet am Berklee College of Music in Boston, wo er selbst als junger Student für seinen Weg Entscheidendes bei der legendären Madame Chaloff gelernt und erfahren hatte, nämlich die enge Verbindung von Musik und Spiritualität, das Effortless Mastery Institute.

Am Institut versuchen wir zunächst, unseren beschränkten Geist zu überwinden, das heißt: Wie komme ich voran, spiele ich gut, mache ich Fehler, ich hoffe, ich mache keine Fehler.

Es wäre eine Schande, als Musiker zu leben und zu sterben mit dem letzten Ziel, keine Fehler zu machen. Wirklich eine Schande.

Der grundsätzliche Impuls ist es, herauszutreten aus unserer egoistischen Angst, bloß allen anderen gefallen zu wollen. Das Erste, was wir versuchen zu tun, ist, die Leute von ihrem eigenen vorgefassten Weg abzubringen. Ironischerweise kann etwas nie authentisch sein, wenn du von der Angst besetzt bist – ist das auch authentisch? Authentisch ist es, wenn du dir um nichts Sorgen machst. Und was immer entsteht, du wirst es anerkennen. Das ist authentisch.

Bei einem unserer Gespräche erzählt Kenny Werner, wie es dazu gekommen ist: Der Direktor des Berklee College of Music, der natürlich Kennys Buch gut kannte, war mit der Bitte an ihn herangetreten, ob er nicht mit seinen Studenten arbeiten könne, da die meisten von ihnen an großer Angst vor dem eigenen musikalischen Scheitern zu leiden hatten. Kenny, der ohnehin des vielen Reisens für seine Konzerte quer durch alle Kontinente müde war, sagte begeistert zu, denn es erlaubte ihm, sich nun in einem neuen Feld zu betätigen, dem des musikalischen Mutmachers.

Wir sind alle einer Gehirnwäsche ausgesetzt und denken, wir seien klein, wir hätten kein Talent, wir seien nicht so viel wert wie andere Leute. Wenn wir also schon eine Gehirnwäsche wollen, warum dann das Gehirn nicht mit einer viel nützlicheren Idee waschen: Ich bin perfekt. Alles um mich herum, alles, was ich sehe, ist perfekt. Vielen Dank, was für eine Dankbarkeit, die mich weiter in diesen Raum hineinführt. Also gut, es geht los.
 Wenn wir so verschmelzen, werden wir zu einem Kanal für ein Licht, das jeder in sich trägt, das aber nur die Wenigsten fühlen und sehen können. Wenn nun der Musiker dieses Licht kanalisiert, kann jeder kommen und von dieser Quelle trinken. Wenn ein Musiker das tut, wird er zu einem Akteur der Veränderung in dieser Welt. Ich glaube, wir schauen auf die Musik und denken, das ist die Botschaft. Ich meine aber, die Musik ist der Überbringer. Und auch wenn die Musik uns gefällt, liegt das, wonach wir suchen, hinter oder jenseits dieser Musik. Das ist ganz leicht … aber es braucht viel Anstrengung, zu dieser Leichtigkeit zu kommen.

Meditation

An einer anderen Stelle erklärt es Kenny so: Wir benutzen im Leben unzählige Male eine Gabel zum Essen. Wir sprechen dabei, wir telefonieren eventuell, wir sind in Gedanken versunken oder wir streiten, aber nie verfehlt die Gabel ihr Ziel, unseren Mund. Wenn ein Musiker lernt sein Instrument wie eine Gabel zu benutzen und so spielt, wie er mit einer Gabel isst, that's effortless mastery, dann ist es anstrengungslose Meisterschaft, egal in welchen Beruf.

Das ist nicht zu verwechseln mit Talent, wenn dann noch Talent hinzukommt, dann haben wir Beethoven oder Keith Jarrett, sagt Kenny.

Nicht nur in der Musik spielt die Pause eine wichtige Rolle – Joseph Haydn war bekanntlich ein Meister der Generalpause –, sondern auch beim Film. So waren mit Kenny auf jeden Fall zwei Drehpausen entscheidend. Die erste bei ihm zu Hause im Oktober 2015, die zweite in Diersbach in Oberösterreich, bevor er das Inntöne Jazzfestival 2016 eröffnete.

Kenny hat sich ein kleines, feines Studio in einem ehemaligen Holzschuppen neben seinem Haus direkt am Waldrand eingerichtet, wo er täglich übt, komponiert und auch meditiert, wenn er zu Hause ist. Sehr oft besuchen ihn hier Studenten, um gemeinsam mit dem Meister zu musizieren, und auch wir durften hier drehen.

Kenny macht alle 90 Minuten eine Pause, denn solange dauert bei ihm in der Regel ein Konzert, auch das gehört zum Rhythmus. Wenn Kenny alleine ist, nutzt er diese Pausen für seine Meditationen.

Während einer Drehpause verlassen wir gemeinsam das Studio, um uns draußen im Garten weiter über Musik zu unterhalten. Sprachen wir drinnen über John Coltrane, steht jetzt im Freien Miles Davis im Zentrum unseres Austauschs. War Spiritualität bei Coltrane das Thema, ist es jetzt bei Miles Mystizismus.

Wir diskutieren das am Beispiel des berühmten Miles Davis-Albums *In a silent way* von 1969. Kenny dachte, das titelgebende Stück sei eine Miles Davis-Komposition, und da ich zufällig die Geschichte kenne, die der in Wien geborene Musiker Joe Zawinul in einem Fernsehfilm erzählt, wie diese Komposition entstanden ist, erzähle ich sie Kenny weiter. Joe Zawinul hat bei seinen Wien-Besuchen immer im gleichen Hotelzimmer gewohnt, von dem er eine fantastische Aussicht auf den Stadtpark hatte. Im November 1968 blickt er aus diesem Fenster an einem nebeligen Herbsttag auf den Stadtpark, und es fällt ihm diese Melodie ein, die später zur Signatur des Jazzrock wird.

Wer die düstere Stimmung eines wolkenverhangenen Novembertages in Wien kennt, für den klingt diese Melodie sehr vertraut.

Kenny spielt für uns »In a silent way«

Wieder im Studio setzt sich Kenny ans Klavier und stimmt sofort *In a silent way* an. Ich kann gerade noch rechtzeitig die Kamera einschalten, um etwas aufzunehmen, von dem ich in der Sekunde weiß, es wird seinen fixen Platz im Film haben. Gänsehaut!

Rund acht Monate später und um diese Erfahrung reicher, nehme ich mit Kenny vor seinem Eröffnungskonzert des Inntöne Festivals 2016 im Hotelzimmer ein Gespräch als Nur-Ton auf.

Diese Nur-Töne, Gespräche, die ich mit allen Protagonisten führe, sind ein sehr wichtiges, inhaltliches Gerüst der Filme und auch eine vertrauensbildende Maßnahme, da ich jeweils mit den Menschen alleine in einem Raum bin und ein Mikrofon eine viel intimere Konzentration zulässt, als es ein – wenn auch kleines – Filmteam ermöglicht. Das Gespräch ist schon beendet und der Soundrecorder ausgeschaltet, da konfrontiere ich Kenny mit einer persönlichen Bemerkung zu seiner Komposition »Beauty Secrets« vom Album *The Melody*.

Diese Nummer sei pure Sexualität, sage ich zu Kenny. Er zieht die Augenbrauen hoch, blickt etwas ungläubig, so als wolle er wissen, wie ich denn auf diese Idee komme. Ich nehme meinen Computer aus

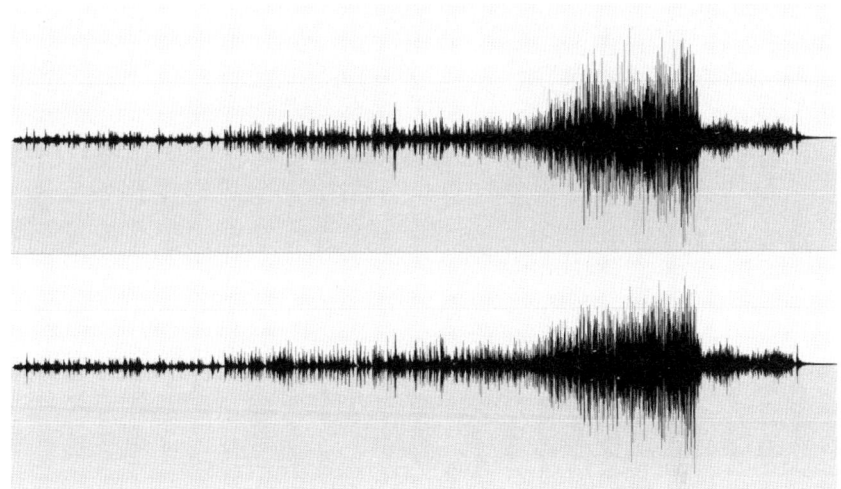

Waveform »beauty secrets«

dem Rucksack, ziehe das File in ein Audioprogramm und die Waveform von »Beauty Secrets« erscheint am Bildschirm.

Einer langsam anschwellende Trichterform folgt nach einem 5½ minütigen Vorspiel plötzlich ein 1½ Minuten langes, stark auf einen Höhepunkt hinarbeitet Crescendo um dann in einen nochmals 1½ Minuten langen, ruhigen Ausklang ein Ende zu finden. Ein Bild sagt mehr als tausend Worte. Für einen Moment scheint es, als sei Kenny von seinem eigenen Tun überrascht, gar beeindruckt, er nickt langsam und zufrieden mit dem Kopf.

Ich muss aber zugeben, dass ich von Anfang an ein doppelbödiges Spiel gespielt habe, denn es war mein Wunsch, dass er beim darauffolgenden Konzert diese Nummer spielt. Und so kam es auch – »Beauty Sectrets« war die Zugabe seines Solokonzertes bei den Inntönen 2016 und »Beauty Secrets« ist der Schlusspunkt von unserem Film geworden, auch das war mir in dem Moment klar, als der erste Akkord auf der Bühne erklang. Wir hatten dann noch genug zu tun, um die Kamera in die richtige Position zu bringen. So entsteht ein Film auch in den Pausen.

Liveperformance von »Beauty Secrets« bei den Inntönen 2016

Kenny Werner Trio im Jazzstandard NYC 2015

ZWISCHENTÖNE 1

Verbundenheit

> Die Musik, frei improvisierte Musik oder Jazz, ist ein sehr wichtiges
> Element in *But Beautiful* aber sie wird eben nicht wie eine Filmmu-
> sik eingesetzt, erzähl uns wie du dir das gedacht hast?

Es ging uns einerseits von Anfang an um den Dialog, den Austausch,
nicht nur zwischen den Musikern, sondern auch mit den anderen Protagonisten im Film. Dieses Rufen und Antworten ist jetzt im fertigen
Film an vielen Stellen, wie uns scheint, sehr schön ineinander montiert, nämlich so, dass dadurch etwas ganz Neues entsteht. Bild, Sprache und Musik verschmelzen sozusagen mit dem Zuschauer und sind
für diesen mehr als die Summe der einzelnen Teile. Das ist für mich
die Herausforderung, um die es eigentlich geht beim Filmemachen:
etwas Neues entstehen zu lassen, das so weder in der Musik oder in der
Sprache oder in den Bildern da ist, sondern erst durch dieses Zusam-
menführen entsteht, darum meine ich ja, Film ist eine Kontextkunst.

Das war bereits im Drehkonzept von 2015 genauso gedanklich formuliert worden: »Jazzmusik spielt in *But Beautiful* eine tragende Rolle, es
ist aber kein Film über Jazz. Eher soll es so sein, dass der Beat und der
Groove, die Kraft, Poesie und Sinnlichkeit der Musik den Film von Station zu Station weitertreiben und tragen, ihm einerseits einen Rhythmus geben, ihn swingen lassen, wo er das soll, und andererseits eine
balladenhafte Langsamkeit einbringen, wo der Film das braucht.«

> Dann sollte es auch von Anfang an um Verbundenheit gehen, ist
> dieses Thema für einen Film nicht zu komplex, zu abstrakt?

Es ist in der Tat nicht einfach, das wussten auch wir von Anfang an,
aber eine Intuition oder eine innere Stimme oder auch eine gewisse

Naivität gab uns da die Sicherheit, es dennoch zu probieren. Wir dachten, wenn es in der Musik seit Jahrtausenden funktioniert, warum nicht auch beim Film, der ja eine sehr junge Kunst ist.

Dann kam noch hinzu, dass Gerald Hüther, der ein Protagonist in *Alphabet* ist, 2012 das Buch *Connectedness: Warum wir ein neues Weltbild brauchen* veröffentlicht hat. Das war ganz sicher ein weiterer Puzzlestein zum neuen Projekt. Wir haben damals viel mit Gerald über dieses Thema gesprochen, und dadurch festigte sich in uns der Gedanke, dass die großen Herausforderungen, die vor uns stehen, nicht mehr von einzelnen Individuen in quasi heldenhafter Manier alleine gemeistert werden können, sondern dass das nur in einer Art bewusster Verbundenheit geht, in die sich jeder Mensch mit seinen individuellen Fähigkeiten einbringen darf, ohne dass das zentralistisch gesteuert wird. Der Wald arbeitet zum Beispiel so zusammen.

Ich darf vielleicht den von mir sehr geschätzten und 2014 verstorbenen deutschen Kernphysiker und Nobelpreisträger Hans Peter Dürr zitieren, der im Buch *Connectedness* einen Beitrag dazu liefert:

Wie also können wir miteinander leben und zu einem neuen Ganzen finden? Für diese wichtigen Fragen, die unser Überleben betreffen, brauchen wir nicht auf die Antworten der Experten zu hoffen. Die sitzen meist in ihrem kleinen Gefängnis des eigenen Wissens fest und bemerken gar nicht, dass die Welt eine ganz andere ist, als sie in ihrer Zelle sehen können. Für diese weitreichenden Fragen braucht es Menschen, die mit beiden Beinen im Leben stehen, die um den Reichtum der Welt wissen und das Wissen von der Kostbarkeit des Lebens in sich tragen und nähren. (S. 24)

Hier war genau formuliert, was die Protagonisten in *But Beautiful* auszeichnen soll.

Diese Menschen zu finden, dauerte allerdings viel länger, als wir uns das vorgestellt hatten. Und auch das Drehkonzept veränderte sich beständig, wie sich alles Lebendige verändert. So wurde zwar mit dem fertigen Film die ursprüngliche Intention punktgenau getroffen, von den geplanten Drehstationen und Protagonisten sind aber bloß drei von zehn geblieben und jetzt im Film eingearbeitet, alle anderen waren aus verschiedensten Gründen verändert worden. Ein für uns spannender und bis zuletzt äußerst herausfordernder Prozess!

Eine dieser drei Fixpunkte im Projekt – neben dem schon erwähnten Kenny Werner – war das Barefoot College in Indien, wohin uns auch die zweite große Drehreise führte.

»BAREFOOT COLLEGE«

DIE FRAUEN, DIE DAS LICHT BRINGEN

Am Ende unseres ersten Zusammentreffens fragt Bunker Roy nach dem Titel unseres Films. *But Beautiful,* antworte ich. Er schaut mich lange an, lächelt. »Life is beautiful, even in the darkness – das Leben ist schön, sogar in der Dunkelheit«, sagt er.

Das Buch *Mitgefühl in der Wirtschaft* hat uns am Beginn unserer Recherche für dieses Projekt zum Barefoot College geführt, und auch die klare Haltung dieser Organisation: Das Wesentliche ist, dass die Lösungen nicht von »oben herab« von internationalen Experten kommen, sondern die Menschen vor Ort »bottom up« gestärkt werden. In diesem Buch ist nachzulesen, wie Bunker Roy bei einem Meeting des Mind & Life Instituts in Zürich dem Dalai Lama die Ansätze des Barefoot College darlegt, und er überzeugt auch uns damit, es in unser Filmprojekt mit aufzunehmen. Was wir noch nicht wissen, als wir diese Passagen lesen, dass auch der Dalai Lama zu einem Protagonisten in unserem Projekt werden wird.

  Anfang März 2016 reisen wir nach Indien, um zwei Wochen direkt im Gästehaus des Barefoot College zu leben. Von dieser Basis aus können wir die vielfältigen Eindrücke auf dem weitläufigen Gelände des Zentrums und dessen Umgebung, der weiten, trockenen Ebenen am Rande der Thar-Wüste in Rajasthan, filmisch und auch im zwischenmenschlichen Erleben einfangen, den inspirierenden Geist aufnehmen, der hier seit mehr als vierzig Jahren in einer wohlwollenden Tradition des gleichwertigen Miteinanders gepflegt wird. Es ist uns sehr bewusst, dass wir aus dem Westen, aus dem an Konsumgütern so reichen Europa, die sind, die hier zu lernen haben.

Barefoot College, New Campus

Das Problem der westlichen Welt ist, dass die Menschen zwar wohlha-
bend sind, aber nicht glücklich.

Seine Heiligkeit, der Dalai Lama, hat es meiner Meinung nach gut auf
den Punkt gebracht: Woran es mangelt, ist Mitgefühl. Und Mitgefühl ge-
paart mit etwas Glück ist genau, was die Menschen im Westen so dringend
brauchen. Man muss keine Reichtümer anhäufen, ein einfaches Leben
reicht vollkommen. Und ich glaube, das ist etwas, was Indien und die
Dorfgemeinschaften hier der Welt anzubieten haben: Bescheidenheit.
Die einfachen, nicht verhandelbaren Werte, wie wir sie in Indien vertre-
ten, sind etwas, wovon der Westen lernen kann.

Bunker Roy

Genau das ist der Grund, weshalb wir hierhergekommen sind: um
uns neu an dieser Einfachheit zu orientieren, an den wesentlichen
Werten des Lebens.

Hier im Barefoot College sind wir wie die einheimischen Bewohner
in den schönen, doch einfach gehaltenen einstöckigen Atriumhäu-
sern im Neuen Campus untergebracht, der in den späten 80er-Jahren

Gästehaus des Barefoot College

erbaut wurde. Alle treffen sich zu den Mahlzeiten in der Mensa, wo es morgens, mittags und abends die immer gleiche Speise gibt: Reis, frisch gebackene Chapati und scharfen indischen Gemüseeintopf. Wir sitzen alle zusammen auf dem Boden, essen mit den Fingern, und nach dem Essen wäscht jeder seinen Teller selbst ab, niemand wird bedient oder bevorzugt behandelt.

Für indische dörfliche Verhältnisse ist es ein großer Luxus, dass es sanitäre Anlagen in allen Häusern gibt. Auch diese sind freilich ganz simpel gehalten, geduscht wird mit kaltem Wasser, das man sich aus einem Krug über Kopf und Körper schüttet, jedes Mal ein erfrischender Moment.

Ins Barefoot College kommt man, um sich einer Herausforderung zu stellen, sagt Bunker Roy. Niemand kommt des Geldes wegen. Man muss etwas beitragen wollen und einen gewissen Respekt mitbringen, Respekt vor den Dorfleuten, die mit ihren Händen arbeiten. Hier spielt die Herkunft keine Rolle. Jeder bekommt die Gelegenheit, seine Ideen umzusetzen. Man darf auch scheitern und Fehler machen und

Büro von Bunker Roy am Campus

Bunker empfängt uns in seinem Büro

beginnt dann, um eine Erfahrung klüger, von vorne. Wichtig ist, dass man bereit ist zu lernen, am Leben zu lernen, in der Praxis zu lernen. Man kann zwanzig Jahre bleiben oder morgen wieder gehen.

Die ursprüngliche Idee hinter der Gründung des Barefoot College vor vier-undvierzig Jahren war, ein völlig neues Ausbildungsprinzip einzuführen. Es gab bereits so viel Wissen, Kompetenz und Weisheit unter der indischen Landbevölkerung, die aber bis dahin einfach nicht genutzt, nicht erkannt und nicht wertgeschätzt worden waren. Wir möchten dieses Potenzial an Wissen, Kompetenz und Weisheit der Allgemeinheit zugänglich ma-chen. Und wir müssen es in die Welt hinaus tragen, um zu zeigen, wie reich und kulturell bedeutsam diese Fähigkeiten sind, und wie sie doch vom heutigen Bildungssystem des Westens unterschätzt und ignoriert werden.

Bunker Roy

Sanjit Bunker Roy, geboren 1945 in New Delhi, kommt aus einer wohl-habenden Familie und erhielt eine erstklassige Ausbildung, die beste, die Indien damals zu bieten hatte. Als es 1965 in Bihar, dem ärmsten Bundesstaat Indiens, zu einer großen Hungersnot kam und Indiens Jugendliche von der Regierung aufgerufen wurden, in den betroffe-nen Dörfern Hilfe zu leisten, folgte der damalige Student Bunker Roy diesem Aufruf. Dadurch veränderte sich sein Leben radikal.

Von diesem kurzen Hilfseinsatz zurück, nahm er den Bruch mit sei-ner Familie in Kauf, um für fünf Jahre in den Dörfern Rajasthans von den armen Leuten zu lernen, Trinkwasserbrunnen zu graben.

Die Menschen in den Dörfern dachten zuerst, er sei auf der Flucht vor der Polizei, er hätte in der Stadt keine Arbeit bekommen oder sein Examen nicht bestanden, so ungewöhnlich war es, dass jemand wie Bunker Roy sich ans Brunnengraben machte. Er aber blieb bei sei-nem Entschluss, denn die Weisheit der einfachen Menschen im Dorf begeisterte ihn. Es war kein Buchwissen, das man sich einfach anle-sen konnte, man musste es erfahren, und das faszinierte den jungen Universitätsabsolventen.

Zufahrt zum College

Das war die Initialzündung zur Gründung des Barefoot College in einem Dorf namens Tilonia, im indischen Bundesstaat Rajasthan.

Als ich mit den Dorfältesten über mein Vorhaben sprach, sagten sie: »Bring niemanden hierher, der ein Diplom oder sonst eine durch Dokumente bescheinigte Qualifikation hat!« Und so ist das Barefoot College das einzige mir bekannte College in Indien, ja auf der Welt, wo jemand mit einem Doktortitel oder einem Magisterabschluss die Einstellungskriterien nicht erfüllt, sein Kommen unerwünscht ist. Man muss schon jemand sein, der mit den Händen arbeitet, jemand mit Respekt vor den Kenntnissen und Fertigkeiten, über die man in einer dörflichen Gemeinschaft verfügt und die in einem solchen Umfeld viel wichtiger sind als aus dem Westen kommende Informationen. Man muss jemand sein, der an Einfachheit glaubt.
Bunker Roy

Bei unserem Besuch in seinem Büro macht uns Bunker Roy deutlich:

Leider habe ich eine sehr kostspielige Ausbildung genossen – sehr elitär und sehr teuer. Was mich diese Erfahrung lehrte, hat mich nicht glücklich gemacht. In diesem Bildungssystem wird man darauf vorbereitet, in den

Westen zu gehen, nicht zurück in die Dörfer. Die Rückkehr ins Dorf wird als Strafe betrachtet. Für mich war das nicht hinnehmbar.

Als das Barefoot College unter dem damaligen Namen Social Work and Research Center 1972 gegründet wurde, hat man versucht, nach und nach alle wesentlichen Bereiche des Lebens mit neuen Lösungsansätzen zu verbessern. So wurden nicht nur Brunnen gegraben, man installierte auch ein Kontrollsystem, mit dem das Brunnenwasser regelmäßig überprüft und analysiert werden kann, nicht nur in Tilonia, sondern in vielen Dörfern im ganzen Bundesstaat.

Im Barefoot College gibt es mittlerweile eine solarbetriebene Trinkwasserfilteranlage, die stets gereinigtes Trinkwasser bereithält. Auch wurden vielfältige Gesundheitsvorsorgeprogramme entwickelt, da die Dorfbewohner sich Arzt- und Spitalkosten kaum leisten können. In Tilonia kann man in einem kleinen Gesundheitszentrum sogar Blutwerte analysieren lassen oder auch die Zahnärztinnen aufsuchen, zwei Großmütter, die weder lesen, noch schreiben können, die am Barefoot College aber praktisch ausgebildet wurden und sich um die Zahngesundheit von 5000 Kindern kümmern.

Wie kann so etwas funktionieren?

Es ist ganz einfach: Das College holt sich sehr gute Fachkräfte, die die Frauen praxisnah schulen, sodass sie sich das notwendige Wissen aneignen können. Es wäre nicht das Ziel, einfach professionelle Zahnärzte anzustellen, nein, es geht darum, fähigen ungebildeten Frauen vor Ort, die Möglichkeit zu geben, eine große Aufgabe verantwortungsvoll zu übernehmen und somit einerseits Kosten zu sparen und zugleich die Menschen hier auf dem Land in ihrem Selbstverständnis zu stärken.

Am Barefoot College verwendet man durchaus raffinierte Technologien wie eben die Solar- oder auch die moderne Zahntechnologie in Kombination mit traditionellem Wissen. Diese Verknüpfung erlaubt es für die Menschen vor Ort, die Lebensqualität in den Dörfern derart zu verbessern, dass Migration verhindert wird, und das ist es, was den größten Erfolg des College ausmacht.

Morgenstimmung im Barefoot College

Wenn sich den Menschen zu Hause ein Leben in Würde bietet, wieso soll-
ten sie in die Elendsviertel in Delhi oder Mumbai ziehen? Man muss dafür
sorgen, dass die Leute in ihren Dörfern Arbeit finden können – nur so
kann man die Landflucht verhindern. Ich denke, das ist er richtige Weg.
Bunker Roy

Von Anfang an wurde auch ein umfangreiches Bildungsprogramm
entwickelt. Man hat Schulen und Ausbildungsstätten speziell für
Mädchen und Frauen sowie auch für Jugendliche aus besonders be-
nachteiligten Familien und für Behinderte eingerichtet.

Weit über die Landesgrenzen hinaus bekannt wurde die Ausbildung
zur Solaringenieurin, vor allem die Solar-Mamas. Sie lernen, Solarlampen selbst herzustellen und zu reparieren sowie Solarpaneele zu
installieren, und sie lernen, wie die dadurch erzeugte elektrische
Energie gespeichert und mittels Wechselrichter zu konventionellem
Wechselstrom transformiert wird.

Seit 2003 gibt es außerdem eine Gruppe von Frauen, die Solar Cooker Engineers, die lernen, riesige Parabolspiegel herzustellen, die als
solare Kocher genutzt werden.

Ein Parabolspiegel für eine Kindergartenküche wird getestet

Dieses innovative Bildungsmodell hat mittlerweile in mehr als neunzig Ländern Verbreitung gefunden, insbesondere in Afrika, Asien und Lateinamerika.

Wir glauben daran, dass jeder die Fähigkeiten und das Können hat, Ingenieur, Architekt, Designer oder Kommunikationsspezialist zu werden, auch ohne formale Schulbildung. Nur weil jemand nicht zur Schule gegangen ist und nur weil jemand nicht lesen und schreiben kann – warum bestrafen wir diese Leute?

Bunker Roy

Obwohl erst Anfang März, empfängt uns sommerliche Hitze mit über dreißig Grad im Schatten, befinden wir uns doch in einer der trockensten und heißesten Gegenden Indiens und auch einer der ärmsten. Bata, unsere Begleiterin vor Ort, hatte uns empfohlen, keinesfalls erst im April oder gar Mai anzureisen, denn dann klettern die Temperaturen regelmäßig auf über vierzig oder gar fünfundvierzig Grad, nicht gerade optimal für Dreharbeiten.

Der neue Campus des Barefoot College, mit dessen Bau 1986 begonnen wurde, ist so geschickt angelegt, dass sowohl Schatten spendende Bäume als auch schattige Innenhöfe für Abkühlung sorgen. Die traditionelle Steinbauweise bewirkt trotz Hitze ein erträglich angenehmes Raumklima.

Mehr als hundert angelernte Bauarbeiter aus den Dörfern errichteten innerhalb von drei Jahren das Freiluft-Theater, die Bibliothek, Büroräume, eine Mensa, das Gästehaus und einige Werkstätten sowie das Gesundheitszentrum und mehrere Wohnhäuser auf dem weitläufigen Areal. Alle, die künftig hier wohnen oder arbeiten sollten, wurden nach ihren Vorstellungen und Bedürfnissen gefragt, ständig wurden Fenster, Türen, Wegführungen wieder neu festgelegt, bis die Wünsche aller Beteiligten zufriedengestellt waren. Auch ein großes unterirdisches Regenwassersammelbecken wurde errichtet. Für dieses eindrucksvolle und doch so einfache Campus-Ensemble erhielten die Barefoot-Architekten den renommierten Aga Khan-Architekturpreis, der alle drei Jahre an Projekte mit besonderer Wirkung für das Gemeinwohl vergeben wird.

Der Campus befindet sich einige Kilometer außerhalb des Dorfes Tilonia, im Distrikt Ajmer, direkt an der Bahnstrecke Delhi–Bombay gelegen. Ständig dröhnen die Signale der Züge, da es in Indien meistens keine Bahnschranken gibt und auch spielende Kinder und die Bahngleise entlangtapfende Kühe oder Ziegen vertrieben werden müssen.

Alles hier geht sehr langsam. Die meisten Menschen gehen zu Fuß, transportieren Wasserkrüge oder Brennholz auf dem Kopf, nur manche haben ein Fahrrad, junge Burschen manchmal sogar ein altes Motorrad, doch auch das kann auf den indischen Dorfstraßen mit riesigen Schlaglöchern nur gemächlich fahren. Unter dem weiten Himmel über der flachen Steppe tickt die Zeit anders, und zwar völlig anders als in den lauten hektischen Städten.

Und niemand aus der Stadt würde in diese entlegene Gegend kommen, wäre hier nicht das College.

Riesenpuppe vor dem Trainingscenter der Solar-Mamas

»What a beautiful place!«,

sagte sich Ramnivas, als er als Jugendlicher vor Jahrzehnten aus seinem Dorf ins vierzig Kilometer entfernte Barfoot College radelte, um zu fragen, ob es hier vielleicht eine Aufgabe für ihn gäbe. Die Puppenspieler des Barefoot College waren kurze Zeit zuvor in seinem Dorf aufgetreten und hatten ihn derart beeindruckt, dass er sich nach Tilonia aufmachte, auch wenn er kaum Hoffnung hatte, dass man ihn wohlwollend aufnehmen würde. Im Gegenteil, er war davon überzeugt, dass man ihn wegschicken würde. Etwas anderes kannte er nicht, denn er hatte keine Schule besucht und und kam aus der Kaste der Unberührbaren, die von allen öffentlichen Aktivitäten ausgeschlossen waren. In seinem Dorf war ihm sogar der Zutritt zum Tempel verboten! Zu seiner Überraschung begegnete man ihm im Barefoot College ganz anders. Bunker Roy lud ihn ein, sogleich eine Aufgabe zu übernehmen. Ramnivas war völlig überrascht und bot sich als Hilfskraft an, und wieder kam eine gänzlich unerwartete Antwort: Hilfskräfte gäbe es hier keine, er könne ab sofort die Buchhaltung des College übernehmen. Ramnivas war schockiert: Buchhaltung?!

Ramnivas, der berühmte Puppenspieler des Barefoot College

Ramnivas führt uns die traditionellen Handpuppen vor

Er, der weder lesen noch schreiben konnte! Das war unvorstellbar. Doch Bunker Roy bestand darauf. Die einzige Anforderung an ihn sei, dass er ehrlich sein müsse. Fehler zu machen, sei kein Problem, die könnten ausgebessert werden.

So lernte Ramnivas sehr schnell, als Buchhalter zu arbeiten, und war selbst über seinen Lernfortschritt und seine neue Aufgabe völlig erstaunt.

Trotzdem galt sein Interesse dem ihn so faszinierenden Puppentheater, das seit Jahrhunderten in den Dörfern ein wichtiges Kommunikationsmedium war. Ramnivas spürte, dass er mithilfe der Puppen »seine« brennenden Themen an die Öffentlichkeit bringen könnte. Er hatte selbst erlebt, welch machtvolles Medium das Puppentheater darstellte.

Als er sich einige Zeit als Buchhalter bewährt hatte, konnte Ramnivas, der gerne musizierte und Theater spielte, zum Puppentheater wechseln. Hier war er in seinem Element, das spürte er deutlich.

Die Handpuppen werden – so erzählt uns Ramnisvas voller Stolz – aus dem Papier der ungelesenen Berichte der Weltbank oder aus westlichen Zeitungen hergestellt. Wenn diese schon sonst keinen Nutzen haben, da niemand hier den Inhalt dieser Berichte versteht, kann man sie immerhin für Pappmaché verwenden, aus derm die kunstvoll gefertigten Puppen geformt werden. Über sie vermittelt man den Menschen in den Dörfern unterhaltsam und mit traditioneller Musikuntermalung wichtige und auch heikle Themen wie die Gleichwertigkeit aller Menschen, den sorgsamen Umgang mit Trinkwasser, Recycling, Mindestlohn, Gesundheitsmaßnahmen, die Stellung der Frauen und Mädchen, Geburtenkontrolle und vieles mehr.

Als Ramnivas das erste Mal in seinem eigenen Dorf als Puppenspieler aufgetreten war, hatte man ihn von der Bühne gejagt, weil er zu der Kaste der Unberührbaren gehörte und das Kastenwesen bei den Dorfbewohnern nach wie vor tief verankert ist. Von der College-Gemeinschaft war er aber ermutigt worden, seine Arbeit fortzusetzen.

Ramnivas probt mit seinen Musikern

In kürzester Zeit war er sogar zum lokalen Star der Puppenspieler aufgestiegen. Er fing an, Gedichte zu schreiben, zu malen, trat als Geschichtenerzähler und Artist auf, eine für ihn selbst unglaubliche Karriere!

Sehr berührt und mit Tränen in den Augen berichtet er uns von dem Moment, als man begann, ihn wirklich zu schätzen und zu respektieren. Da er selbst erfahren hat, dass man viele Grenzen überwinden kann, wird er nicht müde, die Dorfleute aufzufordern: Respektiert einander! Jeder Mensch ist wichtig, keiner ist weniger wert! Das ist seine Botschaft.

Der alte Campus, ehemals ein Sanatorium der britischen Kolonie

Besuch am alten Campus

Bata, die für uns vor Ort organisiert und übersetzt, führt uns durch das gesamte Areal des College. Es ist sozusagen ihr Zuhause, da ihre Eltern von Beginn an mit dabei waren und sie hier auf dem Campus geboren und aufgewachsen ist. Ihr Vater hatte als Lehrer und Kommunikator wichtige Funktionen inne, ihre Mutter arbeitet heute noch in der Schneiderei, wo sie kunstvolle Handwerksstücke herstellt.

Die meisten Handwerks- und Lehrbetriebe befinden sich nur wenige Fahrminuten von unserem Gästehaus entfernt auf dem alten Campus, einem ehemaligen Tuberkulose-Sanatorium, das noch aus der britischen Kolonialzeit stammt.

Diese leerstehenden Gebäude auf weitläufigem Gelände waren Anfang der 1970er Jahre der neu gegründeten Organisation von der Regierung für nur eine Rupie pro Monat vermietet worden. In diesen historischen Gebäuden und den dazugehörigen Höfen, die inzwischen mit Spenden renoviert worden sind, sind die Craft-Sections (Werkstätten), der Kindergarten, die Schule sowie der Lehrcampus für die Solar-Mamas und auch ihre Unterkünfte beheimatet.

Solar-Mamas installieren Solarpaneele auf dem Dach des Trainingscenters

2008 wurde das Solar-Training im Barefoot College eingerichtet, das auch von der indischen Regierung unterstützt wird. Zwei Mal im Jahr beginnt der Zyklus der sechsmonatigen Intensivausbildung für nicht oder kaum alphabetisierte Frauen aus allen Kontinenten (außer Europa und Nordamerika), die in ihren dörflichen Strukturen stark verwurzelt sind.

Gerade mit diesen Frauen, die sehr gezielt ausgewählt werden, konnte das Barefoot College den größten Erfolg verbuchen. Selbst wenn sie Analphabetinnen waren, lernten sie sehr schnell und brachten ihr neu erworbenes Wissen in die Familien und ihre Dorfgemeinschaften ein. Aus diesem Grund wird im Barefoot College besonders auf die Ausbildung von Großmüttern – Frauen zwischen ca. fünfunddreißig und fünfundfünfzig Jahren – gesetzt: Sie lernen begeistert und sind – so Bunker Roy – besonders reife, mutige und tolerante Menschen.

Obwohl es sich um eine sehr anspruchsvolle Ausbildung handelt, muss man, um aufgenommen zu werden, keine Voraussetzungen mitbringen. Es ist nicht einmal erforderlich Hindi, die hier geläufige Sprache zu sprechen. »Sprache ist kein Hindernis, um zu lernen«, sagt Bunker Roy, »wir haben uns die Aufgabe gestellt zu zeigen, dass

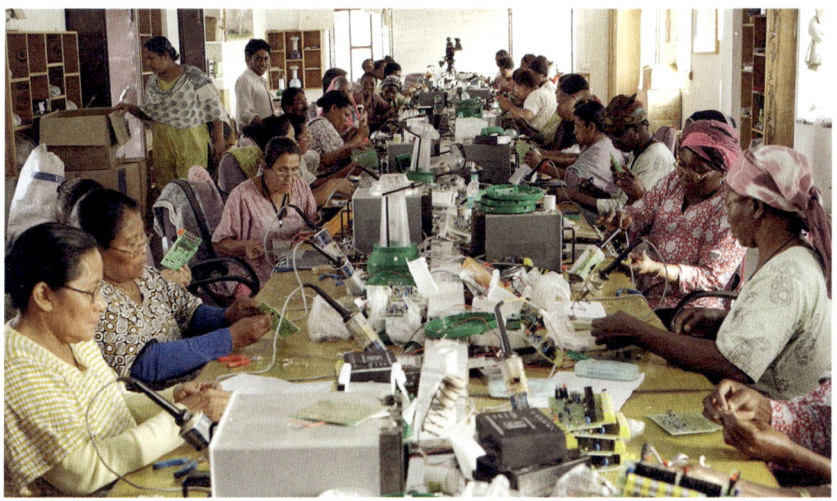

Rund vierzig Solar-Mamas werden jedes Halbjahr im Trainingscenter ausgebildet

es möglich ist, eine Frau, die nicht lesen und schreiben kann, in sechs Monaten zur Ingenieurin auszubilden und sie in die Lage zu versetzen, ein Dorf mit Solarenergie auszustatten.«

An einem heißen Nachmittag lernen wir auf dem Campus Kamla kennen, die als eine der ersten Frauen die Ausbildung zur Solaringenieurin durchlaufen hat und dadurch eine ganz neue Lebensperspektive erhielt. Kamla ist scheu und zurückhaltend, doch wenn sie über ihren Beruf spricht, wird ihre Kraft spürbar, ihr Stolz und Selbstbewusstsein. Sie erzählt, dass sie in einer armen Bauernfamilie aufgewachsen ist und schon als Kind das Vieh der Familie hüten musste. Sie und auch ihre drei Schwestern waren Analphabetinnen, einzig und allein ihr Bruder hatte eine gewisse Schulbildung erhalten. Die Mädchen werden von Kindheit an zu Arbeiten im Haushalt und auf

Kamla in der Werkstatt …

den Viehweiden eingeteilt. Wenn überhaupt, kommen ausschließlich männliche Nachkommen in den Genuss einer Schulbildung. Die Alphabetisierungsrate ist hier in Rajasthan, Indiens größtem Bundesstaat, eine der niedrigsten Indiens, nur 79 Prozent aller Männer und 52 Prozent der Frauen können lesen und schreiben.

Indien ist nach wie vor eine zutiefst patriarchale Gesellschaft, in der Frauen stark diskriminiert werden. Eine Frau, die nicht verheiratet ist oder verwitwet, hat praktisch kaum eine Existenzberechtigung. So wird die Geburt eines Mädchens landläufig sehr häufig als Unglück angesehen, nicht zuletzt wegen hoher Mitgiftforderungen bei deren Verheiratung. Tatsächlich werden daher in Indien viel mehr Jungen geboren, da Mädchen häufig abgetrieben oder nach der Geburt derart unterversorgt werden, dass sie sterben. Dagegen ging das Barefoot College von Anfang an entschieden vor und setzt ganz besonders auf die Frauen!

Eines wurde uns bereits sehr früh klar: Für einen grundlegenden Wandel der Situation der Landbevölkerung, nicht nur hier in Indien, sondern überall auf der Welt, ist es notwendig, sich an die Frauen zu wenden, und

… und bei der Photovoltaikanlage des College

die Frauen zu mobilisieren. Sie werden es sein, die unsere Welt verändern. Sie werden die Vorreiterinnen sein.

Bunker Roy

Kamla konnte schon als Mädchen dank der Initiative des Barefoot College eine Night-School in ihrem Dorf besuchen. Im Gegensatz zu den üblichen Day-Schools, wie wir sie kennen, gründete das Barefoot College 1975 diese Abendschulen, in denen erst bei Einbruch der Dunkelheit der Unterricht beginnt, vor allem für die Mädchen, die tagsüber arbeiten müssen.

Tagsüber habe ich Kühe und Büffel gehütet, abends habe ich die Night-School des Barefoot College bis zur fünften Klasse besucht. Ich habe als erste Frau das Solartraining durchlaufen. Die Leute im Dorf sagten: wir glauben nicht, dass Kamla, die nur die Night-School besucht hat, Solarlaternen herstellen kann.

Das College gibt den armen Dorffrauen eine Ausbildung, sodass sie Arbeit finden können: »Das hat uns Frauen auf dem Land mo-

Kamla hat eine seltene Mitfahrgelegenheit in ihr Heimatdorf gefunden

tiviert, außer Haus zu arbeiten, und mittlerweile wird das auch von den Familien begrüßt. Wenn ich nur Hausfrau geblieben wäre, hätte ich allein meine Kinder nicht großziehen können. Jetzt bin ich in der Lage, meine Kinder zu ernähren, und dadurch völlig unabhängig.«, sagt Kamla. Sie singt oft, während sie in ihrem Studio Solarlaternen repariert. Diesmal ist es ein Lied, das die Frauen singen, wenn sie um vier Uhr morgens aufstehen und den Weizen mahlen, um Brot zu backen, was auch ihre Aufgabe war, als sie noch bei ihren Schwiegereltern wohnte. Jetzt lebt Kamla nahe ihrem Studio, einer Außenstelle des College. Nur am Wochenende fährt sie per Anhalter in ihr Heimatdorf, wo ihre beiden erwachsenen Kinder in ihrem Elternhaus leben, einem kleinen Bauernhof, der mittlerweile von ihrem Bruder und ihrer Schwägerin geführt wird.

Besuch bei den Solarkocher-Frauen

Wir haben uns gegenseitig Mut gemacht.
Wenn es eine Frau lernen kann, werden in Zukunft
mehr Frauen den Mut finden, es auch zu lernen.
Shenaz Banu, Solar Cooker Section

Shenaz und ihre beiden Kolleginnen hatten die Chance bekommen, den Bau von Parabolspiegeln, die für das solare Kochen konzipiert worden waren, bei deren deutsch-österreichischem Entwickler Wolfgang Scheffler Schritt für Schritt zu erlernen. Diese funktionieren wie ein riesiges Brennglas, das das Sonnenlicht auf einer Kochstelle bündelt. Shenaz erzählt uns, dass sie nie zuvor außer Haus gearbeitet hatte. Alles war völlig neu für sie.

Am Anfang haben wir gelernt, Metall zu schneiden und zu schweißen. Zuerst war es schwierig, da wir völlig ungebildet waren. Ich habe nur drei Jahre die Schule besucht, und um den Bau von Solarkochern zu lernen, muss man sich mit Geometrie auskennen. Aber wir wussten nicht einmal von Zentimetern! Für den ersten Solarspiegel brauchten wir ein Jahr. Jetzt können wir zwei Spiegel im Monat herstellen, wenn es nötig ist, oder sogar mehr, wenn viele Aufträge kommen.

Anfangs hatte es ihnen auch an der gemeinsamen Sprache mit ihrem Lehrer Scheffler gemangelt, doch das hinderte sie nicht weiterzumachen. Es waren bloß Mut und Geduld vonnöten gewesen, um die Aufgabe zu meistern: »Wir sagten dem Lehrer, wir können kein Englisch und sprechen auch nicht gut Hindi, und der Lehrer sagte, versucht es einfach ganz langsam, ihr werdet immer besser lernen, wie man etwas bemisst.«

Mit großem Selbstverständnis setzen sich die bunt gekleideten Frauen abwechselnd ans Schweißgerät, um die Metallteile zu verbinden. Sie sind sichtlich stolz auf ihre erworbenen Fertigkeiten. Rein äußerlich zeugt nur die Schweißbrille von ihrem ungewöhnlichen Beruf. Mit der Solar-Ausbildung sind sie nicht nur in die Lage gekom-

Shenaz arbeitet am Schweißgerät

Die Solarkocher-Frauen zeigen uns stolz, dass sie arbeiten wie die Schmiede

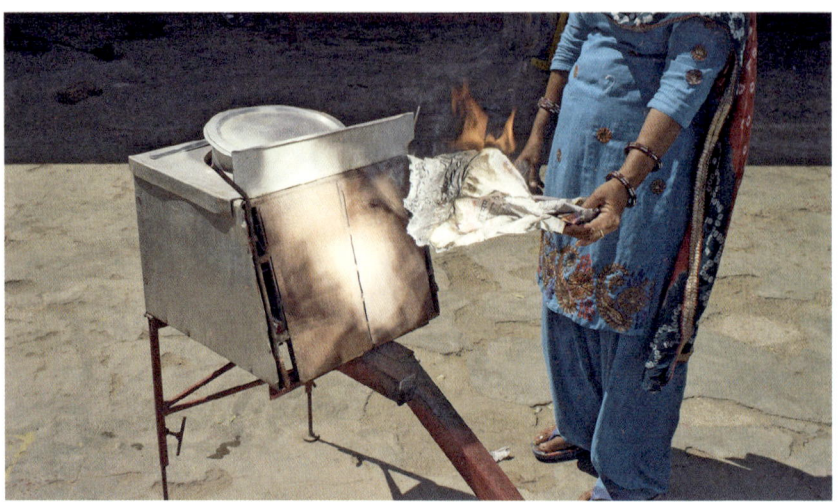

Papier brennt in Sekundenschnelle …

men, selbst Geld zu verdienen, sie haben auch großes Selbstvertrauen erworben, das sie gerne an andere Frauen weitergeben.

Eindrucksvoll führen sie uns die Effizienz des riesigen Parabolspiegels vor, der einer Kochstelle gegenüber steht: Ein in den Brennpunkt des Sonnenlichts gehaltenes Stück Zeitungspapier entflammt in Sekundenschnelle und brennt lichterloh ab. Schließlich kochen sie für uns noch Chai, den beliebten Gewürztee aus Wasser, viel Milch und Zucker und allerlei köstlichen Gewürzen wie Zimt, Ingwer, Kardamom und Pfeffer.

Ganz in der Nähe der Solarkocher-Werkstatt befinden sich Kindergarten und Schule, sodass die Mütter, die hier arbeiten, ihre Kinder gut versorgt wissen. Die ganz Kleinen bringen sie einfach an ihre Arbeitsstätte mit. So findet sich bei den Schweißerinnen ein in der Hängematte schlafendes Baby, am Nachmittag gesellt sich die ältere Schwester hinzu, die aus der Schule kommt. Familie und Arbeit alles hat nebeneinander Platz. Man muss sich nicht für das eine zu Lasten des anderen entscheiden.

… und auch der Chai für die Arbeitspause ist schon fertig

Das Barefoot College scheint eine friedliche Oase zu sein, wie ein eigenes kleines Dorf, das seinen Bewohnern vieles bietet, was es außerhalb dieser Oase oft (noch) nicht gibt: frisch aufbereitetes Trinkwasser für alle, Sanitäranlagen in jedem Haus, Kindergarten, Krankenstation, Radiostation und vieles mehr. All diese Einrichtungen sind dazu geschaffen worden, dem Gemeinwohl zu dienen. Man kann hier nichts kaufen und nichts verkaufen. Man kann hier gut leben und zum guten Leben beitragen.

Drehpause in der Weberei

Eines hat mich beim Film von Anfang an irritiert, ja gestört, und zwar das viele Warten. Es vergeht so viel Zeit damit, dass ständig irgend etwas, sei es das Licht, das Wetter, ein störendes Flugzeug, ein Tier, das ins Motiv läuft, eine Baustelle, die just in diesem Moment eröffnet wird und gestern noch gar nicht da war, den Dreh verzögert. Mit den Jahren habe ich versucht, eine Strategie zu entwickeln, wie man damit gut umgehen kann. Eine Möglichkeit ist, das Tier, das ins Motiv läuft, als Geschenk anzunehmen oder aus dem plötzlichen Regenguss eine zuvor nicht geplante Sequenz zu bauen. Eine andere, die sich ergebenden Pausen dafür zu nutzen, um die eigene Motivation und die der Mitarbeiter zu stärken.

Im Barefoot College ist uns gleich zu Beginn unseres Aufenthalts die Weberei ins Auge gesprungen, ein sehr schönes Motiv, wo zwei strahlende Menschen ihrer Arbeit nachgegangen sind. Dieses Motiv konnten wir von unserem Quartier aus leicht zu Fuß erreichen, so waren wir von niemandem abhängig und nicht zu einer Pause verpflichtet.

Wir verbrachten also viel Zeit in der Weberei und durften dort unglaublich schöne Bilder und Atmosphären einfangen, wissend, dass wir sie für *But Beautiful* vermutlich nicht brauchen werden, aber so genau weiß man das vor Ort nie. Was gegen diese Bilder sprach, war und ist die Haltung unseres westlichen, sogenannten fortschrittlichen Denkens. Ein von Hand betriebener Webstuhl, wo ein Vielfaches an Zeit damit zugebracht wird, um ein Stück textiles Gewebe herzustellen, ist ein ziemliches Kontrastprogramm zum Hochfrequenzhandel an den Aktienbörsen, wo uns hohe Gewinne versprochen in werden.

Für uns war aber genau dieses Kontrastprogramm eine Labsal. Mit jedem Besuch in der Weberei wurden wir ruhiger, klarer und aufmerksamer. Diese Drehpause, die gar keine Pause vom Drehen war, sondern eine Pause unserer scheinbar rationalen Gedanken, war wie ein Geschenk.

Die Weberei

ist in einer ehemaligen Kirche der früheren britischen Krankenstation untergebracht.

Die Weberin, eine Witwe aus dem Dorf, kann mit dieser Arbeit ihr Überleben, das ihres Sohnes und auch ihres fünfjährigen Enkelkindes sichern. Fröhlich lachend und singend geht sie im klappernden Rhythmus des Webstuhls ihrer Tätigkeit nach. Von Zeit zu Zeit unterbricht sie ihr Tun, das wie ein Tanz anmutet, um mit einem Tonkrug auf dem Kopf Wasser vom nahegelegenen Brunnen zu holen. Als Witwe hätte sie außerhalb des College kaum eine Existenzchance, werden doch Frauen, deren Mann verstorben ist, von der Gesellschaft, auch von der Familie, ausgestoßen.

Als wir mit ihr ins Gespräch kommen wollen, bricht sie plötzlich in Tränen aus. Wir erfahren, dass sie immer noch tief trauert um ihren ersten Sohn, den sie vor Jahren bei einem Unfall verloren hat. Er hat ihr den Enkelsohn hinterlassen, der bei ihr aufwächst und auf sie angewiesen ist, da seine Mutter sich neu verheiratet hat. Doch sie schätzt sich glücklich: Der Kleine kann im Barefoot College den Kindergarten besuchen und leistet ihr spätnachmittags in der Weberei Gesellschaft. Trotzdem ist sie besorgt: Wird sie so lange arbeiten

können, bis der Bub erwachsen ist? Sie wohnt nicht hier im College, sondern muss täglich die paar Kilometer ins Dorf zu Fuß zurücklegen, wo sie in den verwinkelten Gassen einen kleinen Teil eines traditionellen Lehmhauses bewohnt. Es gibt wenig Platz, und das größte Problem ist, dass keine Toiletten vorhanden sind. Zwar hat die Regierung vorgeschrieben, dass alle Häuser mit sanitären Anlagen ausgestattet werden müssen, doch gibt sie nur einen Zuschuss, wenn man mehr als die Hälfte des Geldes dafür selbst aufbringt. Das kann sich Bishrami-devi, die Weberin, nicht leisten, ihr Einkommen geht gänzlich für das tägliche Leben drauf. Sie ist eigentlich jung, höchstens fünfundvierzig schätze ich, wirkt aber deutlich älter.

Als wir Bishrami-devi schon einige Male in der zauberhaften Weberei, die aus einer anderen Zeit zu stammen scheint, besucht haben, gestattet sie uns schließlich, sie abends nach Hause in ihr Dorf zu begleiten. Natürlich ist sie dem Tratsch der Nachbarn ausgesetzt, die neugierig an den Fenstern und Balkonen kleben, weil sie sich nicht erklären können, wie diese arme Witwe Leute aus dem Westen zu Gast haben kann. Später erzählt sie uns selbstbewusst, sie habe sich erst geärgert, doch dann sei ihr doch eine schnippische Antwort für die unliebsamen Zaungäste eingefallen: »Ich mache so gute Arbeit in der Weberei, dass sich sogar ausländische Filmleute für mich interessieren.« Das habe ihr nun einen neuen Status im Dorf verliehen!

Besuch bei Kishan Kanwar, einer Night-School-Lehrerin

Es sind die Mädchen, die traditionell die Ziegen und Schafe hüten und überhaupt fast alle Hausarbeit zu erledigen haben. Ihretwegen hatte man die Night-Schools gegründet, doch selbst dahin werden die Mädchen nur dann geschickt, wenn es engagierten LehrerInnen gelingt, die Eltern davon zu überzeugen, dass es wichtig ist, auch den Mädchen Bildung zukommen zu lassen und ihnen diesen Freiraum außerhalb der Familie zu gewähren. Üblicherweise wird die Ansicht vertreten, dass Mädchen ohnehin verheiratet werden, dann in die Familie des Mannes ziehen und der eigenen Familie nicht mehr zur Verfügung stehen. Wozu also in sie investieren?

Das erzählt uns Kishan Kanwar, eine Night-School-Lehrerin, die schon seit vielen Jahren in einem abgelegenen Dorf für das Barefoot College tätig ist.

Als die ersten Night-Schools entstanden, wurden erst nur Buben geschickt. Als der damalige Lehrer die Eltern darauf ansprach, sagten sie, die Mädchen könnten nur teilnehmen, wenn eine Frau sie unterrichten würde. So fragte man Kishan Kanwar, ob sie diese Aufgabe übernehmen wolle, obwohl sie keine Lehrerausbildung absolviert hatte. Sie erklärte sich bereit und nach dem Besuch einiger Kurse begann sie mit dem Abendunterricht im Dorf. Doch auch sie musste für das Erscheinen der Mädchen kämpfen. Ständig gab es neue Ausreden: Sie müssten abends kochen, sie könnten allein im Dunkeln nicht nach Hause gehen, und vieles mehr. Man einigte sich darauf, dass die Mädchen nach dem Kochen teilnehmen könnten und sie nach dem Unterricht von der Lehrerin nach Hause begleitet werden.

Über die Jahre lernten die Familien es zu schätzen, dass ihre Töchter so engagiert unterrichtet wurden, dass sie Selbstbewusstsein entwickelten und auch tatsächlich die Chance bekamen, später weiterführende Schulen zu besuchen und einen Beruf zu ergreifen. Anfangs war das den Dorfbewohnern völlig unvorstellbar, berichtet uns Kishan Kanwar. Daher veranstaltete sie Treffen mit angesehenen, berufstätigen Frauen und den Familien, damit die sich überzeugen konnten,

Die Night-Schools eröffneten den Mädchen ganz neue Perspektiven

dass Frauen nicht zwingend den vorgegebenen Weg als Ehefrau, Mutter und Hausfrau bzw., wie weit verbreitet, als arbeitsame Haussklavin der Schwiegermutter einschlagen müssen. Sie lud eine Polizistin ein, andere Lehrerinnen, sogar eine Pilotin.

Mit der Zeit gelang eine große Veränderung: Die Mütter und Mädchen waren dankbar, eine solche Chance zu erhalten. Immer öfter kam es vor, dass junge Frauen, obwohl sie schon ein Baby hatten, weiter zur Schule kamen. Was sich auch veränderte, war das Kastendenken, das im ganzen Land, besonders aber in den Dörfern noch stark verwurzelt ist, auch wenn man Diskriminierung aufgrund von Kastenzugehörigkeit per Gesetz seit der Unabhängigkeit Indiens verboten hat.

Jeder wusste ganz genau, wer welcher Kaste angehörte, und das wurde auch in die Schule getragen. Die Schülerinnen weigerten sich z.B., mit jemandem aus einer anderen (niedrigeren) Kaste aus demselben Wasserkrug zu trinken. Nach und nach legten sich die Vorbehalte, die man gegeneinander hegte.

Kishan Kanwar wurde im Dorf immer mehr anerkannt. Immer öfter kam man zu ihr und bat sie um Rat. Sie war zu einer geachteten Autorität geworden.

Kishan Kanwar unterrichtet vor allem Mädchen …

Ich blicke sehr positiv in die Zukunft. Wenn man die Frauen ins Boot holen kann, wenn man Frauen aus sehr armen Gegenden anspricht und ihnen die Fähigkeiten, Zuversicht und das Wissen vermittelt, um in ihrem Umfeld einen Wandel herbeizuführen, sieht die Zukunft sehr gut aus. Aber wir müssen jetzt unsere Denkweisen ändern. Ich habe das Gefühl, im Moment sind sie noch zu sehr von Verzweiflung bestimmt. Man muss diese Denkweisen ändern, um die Welt, die Zukunft mit anderen Augen betrachten zu können. Und ich bin überzeugt, da wird es auf die Frauen ankommen. Jemand hat einmal gesagt: »Du weißt, sie stützen eine Hälfte des Himmels«, und ich glaube, das ist wahr.

Bunker Roy

In den Schulen des Barefoot College wird großer Wert auf demokratiepolitisches Verständnis gelegt. Dafür hat man ein Kinderparlament eingerichtet, das ein bis zwei Mal pro Jahr tagt. Hier lernen die Kinder schon früh, dass sie zu wichtigen Themen Stellung nehmen, dass sie wählen können, dass ihr Beitrag wichtig ist und sich lohnt. Sie erkennen ihre Wirksamkeit. Von weither werden die Schülerdelegationen zu diesem Treffen gebracht, meist von einer Lehrperson begleitet. Manche brauchen ein bis zwei Tage für die Anreise.

... die untertags die Ziegen oder Büffel hüten

>»Ich denke mir, wenn ich groß bin,
>möchte ich Lehrerin werden und Kinder unterrichten«,

erklärt uns Basanta, ein circa zwölfjähriges Mädchen, die zur zweiten Premierministerin im Kinderparlament aller Schulen des Barefoot College gewählt wurde. Sie wohnt in einem völlig abgelegenen Dorf, wo sie ganz auf sich gestellt tagsüber die Ziegen hütet und abends die Night-School besucht. Man sieht sofort, dass ihr das Lernen leicht fällt, sie ist aufgeweckt und intelligent und mit etwas Unterstützung kann sie genügend Selbstbewusstsein entwickeln, um eine neue Frauenrolle einzunehmen. Nicht umsonst ist sie von ihrer Dorfschule gewählt worden, hier an der Parlamentssitzung teilzunehmen.

Am nächsten Tag machen wir uns auf den Weg, Basanta in ihr abgelegenes Dorf zu folgen. Sie selbst ist zusammen mit ihrem Lehrer fast zwei Tage lang per Bus unterwegs, um wieder nach Hause zu kommen. Ganz gewiss war ihr Ausflug in diese große Gemeinschaft von jungen Menschen eine willkommene Abwechslung zu ihrem einsamen Alltag auf den Ziegenweiden, den wir bald kennenlernen dürfen. Unser Fahrer bringt uns erst in ein rund hundertzwanzig Kilometer entferntes Subcenter des Barefoot College. Das scheint nicht besonders weit zu sein, zumal das Center an einer wichtigen Verkehrsroute liegt, dennoch brauchen wir für die Fahrt einige Stunden. Die indischen Straßen erlauben kein hohes Tempo, und unser Fahrer will außerdem in vielen Ortschaften eine Teepause einlegen, was auch uns sehr willkommen ist, lernen wir doch auf diese Weise das Land besser kennen.

Schließlich halten wir auf der Strecke an, ein junger Mann wartet am Straßenrand auf uns. Er ist Mitarbeiter im Barefoot College-Subcenter von Jawaja und weist uns den Weg dorthin, wegen des Straßenbaus ist es nur über eine Sandpiste erreichbar. Freudig werden wir empfangen und wie immer als Geste der Gastfreundschaft mit Chai bewirtet, doch unsere Aufnahmeleiterin drängt zur Eile: Bis in Basantas Dorf ist es noch weit, und wir wollen es vor Einbruch der Dunkelheit erreichen.

Dicht gedrängt im kleinen Geländewagen fahren wir weiter, denn die zwei Schulbeauftragten des örtlichen Zentrums wollen uns begleiten, nur sie wissen den Weg in das entlegene Dorf. Einige Kilometer geht es noch die Hauptstraße entlang, dann biegen wir ab auf eine Schotterpiste, der wir lange folgen. Es wird hügeliger, und eine idyllisch bewaldete Landschaft breitet sich links und rechts der Piste aus, Ziegen- und Schafherden ziehen umher. Durch die Wälder stolzieren Pfauen, die Wappentiere von Rajasthan.

Nur wenige Wagen begegnen uns in der Einsamkeit des Hinterlandes. Da wir immer wieder ein ausgetrocknetes Bachbett durchqueren müssen, kann nur im Schritttempo gefahren werden.

Nachdem wir alle mehr als eine Stunde lang ob all der Schlaglöcher kräftig durchgeschüttelt wurden, erreichen wir Basantas Dorf und können noch einen kurzen Rundgang machen, bevor die Night-School beginnt. Kurz taucht die hereinbrechende Dämmerung das Dorf in zauberhaftes Licht. Das Dorf ist rings um üppig grüne Felder gebaut, die die Kornkammer für die Bewohner darstellen und Tag und Nacht von einigen Einheimischen streng vor möglichen Eindringlingen, seien es Menschen oder Tiere, bewacht werden. Auf den umstehenden Papayabäumen tummeln sich einige Affen, die schnell jeden Leckerbissen rauben würden, wenn man sie nicht daran hinderte.

»Für mich ist dieser Ort hier sehr schön …«

Es ist schönes und zugleich ärmliches Dorf, tatsächlich gibt es keine geteerte Straße, ein aus Lehm gebautes Gehöft reiht sich an das nächste. Als wir ankommen, sind wir eine willkommene Attraktion für die Kinder, die aus allen Richtungen zusammenlaufen und uns mit staunenden Augen und vielen Fragen bestürmen.

Der Dorflehrer lädt uns ein, ihm zur winzigen Schule zu folgen, einem kleinen Häuschen am Rande des Dorfes, das auch ein Ziegenstall sein könnte und jeder Einrichtung entbehrt. Es gibt nur eine kleine Tafel an der Wand und ein paar zerschlissene Teppiche auf dem Boden, auf die die Kinder sich setzen können, um dem Singsang des gemeinsamen Unterrichts zu folgen.

Bald schon wird dringend die Solarleuchte benötigt. Es ist stockdunkel geworden. Basanta, die tags zuvor ganz scheu gewesen ist, merkt man an, das sie hier sicher und zu Hause ist. Sie führt die ganze Kinderschar an, und wir glauben ihr gerne, wenn sie sagt, dass auch sie später Lehrerin werden möchte: Das ist eindeutig ihr Element!

Allerdings können nicht nur wir – mangels Sprachkenntnissen – an diesem Abend dem Unterricht nicht folgen, auch die SchülerInnen ha-

ben ihre Mühe, zu sehr sind sie von uns Eindringlingen abgelenkt und müssen ständig zur Aufmerksamkeit ermahnt werden. Unentwegt wird gekichert oder es wird unsere aufwändige Gerätschaft bestaunt.

Nach rund zweieinhalb Stunden – es ist bald neun Uhr – wird der gemeinsame Abend mit dem Einsammeln der Schulhefte beendet, die in einer Kiste verstaut werden. Zuletzt sammelt sich die Schülerschar bei der Treppe vor dem Haus, wo nun alles in tiefe Dunkelheit gehüllt ist. Wie in biblischen Zeiten leuchtet Guru-ji, so die Hindi-Anrede für den Lehrer, seinen Schützlingen den Weg nach Hause. Er begleitet tatsächlich jedes einzelne Kind bis vor die Tür, was nur verständlich ist, da man in dieser Nachtschwärze tatsächlich keinen Meter weit sehen kann. Im Dorf gibt es nirgendwo elektrischen Strom.

Für uns mag das idyllisch wirken, leuchtet die Mondsichel ohne Lichtverschmutzung am dunklen blauschwarzen Himmel doch umso magischer. Für die Dorfbewohner bedeutet es, dass sie nach Einbruch der Dunkelheit ihre kleinen Gehöfte kaum noch verlassen können. Selbst uns wird es untersagt, mit einer Taschenlampe den kurzen Weg zum Gehöft von Guru-ji zu Fuß zurückzulegen, bei dem wir zum

Die Solarlampen waren für die Nachtschulen DIE Innovation

Abendessen eingeladen sind: Nachts könne man womöglich auf Betrunkene treffen, unseren indischen Gastgebern ist es deutlich lieber, wenn sie uns sicher im Auto absetzen können, sie wollen uns unliebsame Abenteuer ersparen.

Über einen steilen Pfad erreichen wir die Terrasse des Lehrerhauses, wo einige Frauen schon ein einfaches traditionelles indisches Abendmahl zubereitet haben. Weit und breit existiert hier kein Restaurant, sodass wir nach dem langen Reise- und Drehtag auf die Bewirtung durch die Einheimischen angewiesen sind. Und wir stellen fest, dass dieses einfache Mahl, das aus Reis, Chapati, den über offenem Feuer frisch gebackenen Fladenbroten, und gedünstetem Gemüse in typisch scharfen Saucen besteht, unglaublich köstlich schmeckt.

Mangels Übernachtungsmöglichkeit müssen wir spät noch ins weit entfernte Subcenter zurückkehren und früh morgens wieder ins Dorf fahren, um Basanta auf die Ziegenweide zu begleiten. Nur Erwin besteht darauf, auf der Lehrerterrasse zu übernachten, um rechtzeitig im ersten Morgenlicht mit der Kamera zur Stelle zu sein.

Jedes Kind wird nach dem Unterricht vom Lehrer bis nach Hause begleitet

Erst als wir im Auto sitzen, wird deutlich, wie sehr wir ihn, der bleiben konnte, zu beneiden haben, als uns die indischen Begleiter mit einem Stock bewaffnet erklären, dass es durchaus nicht ungefährlich sei, in der Dunkelheit die einsame Piste zu befahren, da sie immer wieder von Wegelagerern heimgesucht werde, mit denen nicht zu spaßen sei, schon gar nicht mit Ausländern oder Frauen an Bord. Ich merke, dass sie tatsächlich Angst haben, was auch mir kein gutes Gefühl bereitet. So erscheint uns allen die langsame Nachtfahrt endlos lang, und wir atmen erleichtert auf, als wir unbehelligt das letzte Stück in die Hauptstraße einbiegen. Kurz vor Mitternacht erreichen wir das Zentrum, wo für uns einfache Feldbetten bereitstehen. Auch dort ist man erleichtert, dass wir die Nachtfahrt gut hinter uns gebracht haben.

Wie unbeschwert hingegen verläuft die Fahrt am hellen Morgen zurück ins Dorf, wenn Schafherden unseren Weg kreuzen und sogar einige Fahrzeuge unterwegs sind. Auch ein Bus kommt uns entgegen, erst später müssen wir erkennen, dass es der Bus war, in dem Basanta mit ihrer Mutter in die nächste Stadt zum Markt unterwegs ist.

Kurze Zeit darauf ist die Aufregung groß, als klar wird, dass Basantas Mutter uns einen Strich durch die Rechnung bzw. durch den geplanten Drehtag gemacht hat, indem sie spontan entschied, dass das Mädchen heute nicht mit den Ziegen auf die Weide gehen, sondern mit ihr zusammen einige Einkäufe tätigen solle.

Was tun, wenn die Protagonistin fehlt?

Nach einer Stunde Wartezeit schließlich – wir wussten gar nicht, was vorgeht, als unser Fahrer und einer der indischen Begleiter verschwunden waren, ist Basanta zurück. Man hat sie und ihre Mutter kurzerhand zurückgeholt, und der Drehtag ist gerettet. Sichtlich nimmt uns das die Mutter übel, sie erwidert unseren Gruß nicht und will sich auch keine Erklärungen anhören.

Ich hüte gerne die Ziegen ... und ich möchte glücklich sein.

Basanta ist flexibel, sie läuft in ihren Flipflops voraus und holt die Ziegen aus dem Pferch. Wir müssen uns beeilen, um sie einzuholen, so eilig läuft sie ihrer kleinen Herde von rund fünfundzwanzig Tieren hinterher.

Sehr flink springen die Ziegen und auch das junge Mädchen querfeldein einen steilen unwegsamen Hügel hinauf. Wir folgen dem Weg und haben Basanta rasch aus den Augen verloren. Nur ihr Rufen, das die Tiere lockt, bringt uns weiter auf ihre Spur. Erst nach einer Weile haben wir sie wieder eingeholt. Da die Ziegen hier oben Dorngestrüpp als Futterquelle gefunden haben, kann auch Basanta eine Pause einlegen.

In diesem trocken heißen Hügelland ist sie den ganzen Tag unterwegs, sie hat weder Proviant noch Wasser bei sich. Wie eine Gazelle bewegt sie sich im steinig dornigen Gelände und hat ihre Tiere stets im Auge. Noch nie ist ihr auch nur eines verloren gegangen. Seit ihrem achten Lebensjahr ist es ihre Aufgabe, morgens die Tiere sicher auf die spärlich bewachsenen Weiden und abends wieder ins Dorf zurückzuführen. Glücklicherweise hat sie zwei Freundinnen, die ihr immer wieder sicheres Geleit geben: zwei erwachsene Frauen aus der Nachbarschaft, die im Umkreis mit ihren Herden unterwegs sind und das junge Mädchen zum Teil begleiten und ihr einen gewissen Schutz

Basanta ist den ganzen Tag mit den Ziegen unterwegs …

…und ist froh, wenn sie die Hirtinnen trifft, die ihr einen gewissen Schutz gewähren

gewähren. Mehrere Frauen zusammen sind sicherer unterwegs als eine alleine, das wissen die Hirtinnen genau.

Spätestens bei Einbruch der Dunkelheit muss das Mädchen mit den Ziegen zurück sein, besser etwas früher, denn im Dämmerlicht beginnen die Wildtiere ihre Jagd und in dieser Gegend gehören dazu auch Bären, Tiger und Panther ...

»Egal, ob ich es mag oder nicht, die Ziegen muss ich so oder so hüten. Einmal bin ich mit den Ziegen gegangen, da legte sich eine hin und bekam ein Junges. Manchmal gebären sie ein Kitz, manchmal zwei. Ich habe oft Angst, wenn ich mit den Ziegen gehe, denn es kommen Tiger oder Bären ...«, gesteht das junge Mädchen.

»Für mich ist dieser Ort hier sehr schön«, sagt uns Basanta, als wir am späten Nachmittag alle zusammen mit den Ziegen ins Dorf zurückkehren.

Schnell bringt sie die Tiere zurück in die Umzäunung in der Nähe des elterlichen kleinen Hofes. Gleich darauf geht es zur Schule ... zwischen Arbeit und Lernen gibt es keine Pause, auch das Essen muss warten, bis die Night-School zu Ende ist.

Die Frauen des Barefoot College

Es ist beeindruckend für uns, wie all diese Frauen, denen wir rund um das Barefoot College begegnen, ihre großen Herausforderungen meistern. Das ist es, was Bunker Roy meint, wenn er sagt, es gibt soviel Wissen, Fertigkeiten und Weisheit in den Dörfern.

Wir haben mehr als 800 Solar-Mamas ausgebildet. Aus 78 Ländern auf der ganzen Welt. Sie kommen aus Ländern, in denen sie zu den ersten Solar-Ingenieuren überhaupt gehören – noch vor den Männern. Aber die Männer sind nicht mehr da – sie sind in die Städte oder ins Ausland gegangen. Und wer geht zurück in die Dörfer? Die Solar-Mamas. Und die Solar-Mamas bleiben und sie haben in ihren Dörfern über 50.000 Haushalte an Solarstrom angeschlossen. Das ist eine unglaubliche Zahl.
Bunker Roy

Und wenn wir die männliche Dorfjugend beobachten, die sich selber lärmend mit alten Motorrädern präsentiert, haben wir eine Ahnung, wovon Bunker Roy spricht, wenn er erzählt:

Wir haben festgestellt, dass es fast unmöglich ist, die Männer aus den traditionell geprägten Dörfen auszubilden. Die Männer sind ruhelos, fast zwanghaft auf dem Sprung. Streben immer nach Höherem. Und sie alle wollen irgendeine Art Diplom.

Es ist dieses Zertifizieren, das die Welt heute kaputt macht. Zeugnisse für Menschen, die unfähig sind. Bewertungen sollten durch die Gemeinschaft erfolgen, der man dient, nicht durch die Universität, die man besucht. Wenn ich als Solar-Mama sämtliche Häuser im Dorf an Solarstrom angeschlossen habe, wozu brauche ich dann noch ein Stück Papier an der Wand, das mir sagt, dass ich auch wirklich Ingeneurin bin?

Das ist, was wir versuchen zu verändern – die Einstellung. Die Denkweise unserer heutigen Welt.

Üblicherweise wird auf Zertifikate sehr viel Wert gelegt. Wie viel klüger ist es doch, gleich bei der Praxis, beim konkreten Tun zu be-

Mehr als 800 Solar-Mamas wurden bisher ausgebildet …

ginnen! Daher hält sich im Barefoot College niemand damit auf, den Frauen, die hierher kommen, erst Lesen und Schreiben beizubringen! Um Solarlampen zu bauen, braucht es keine Schrift, ja, es braucht nicht einmal die gemeinsame Sprache! Hier bei uns würde man denken, oh, die Frauen müssen unbedingt zuerst alle zusammen Englisch oder Hindi sprechen, sonst kann man sie ja gar nicht unterrichten. Das würde viel zu lange dauern und wäre enorm umständlich! Im Barefoot College wird mit Zeichensprache und einzelnen Fachausdrücken gesprochen, um zum Beispiel die Werkzeuge zu benennen. Alles andere wird den Frauen direkt gezeigt. So sitzen rund vierzig Frauen aus allen Kontinenten (ausgenommen Europa und Nordamerika) – die Frauen kommen alle aus ärmlichen Gegenden der Welt – in einem Raum und unterhalten sich prächtig, obwohl die eine Wolof spricht, die andere eine indigene Indianerin, die dritte eine Solar-Lehrerin ist, die aber auch kein Hindi, sondern Marwari spricht oder eine der neunundneunzig anderen in Indien gesprochenen Sprachen.

Jedesmal, wenn wir diese kraftvollen Frauen im Trainingscenter besuchen, spüren wir ihre Freude über die neu erworbenen Fähigkeiten. Einige erzählen uns, welch großer Sprung es für sie war, dass sie

... die mehr als 50 000 Haushalte mit Solarstrom ausgestattet haben

überhaupt die Gelegenheit bekamen, hierher nach Indien zu reisen und lernen zu dürfen.

Jede von ihnen blickt aufgeregt der Rückkehr in ihr Dorf entgegen. Sie selbst spüren, dass sich viel für sie verändert hat. Hier im College haben sie nicht nur technische Fähigkeiten erworben, sondern haben vor allem gelernt, wozu sie fähig sind: ihr Leben selbst in die Hand zu nehmen und es positiv zu verändern.

Kenny Werner drückt es im Film *But Beautiful* auf seine Weise aus: »Es scheint immer einen Konflikt zu geben mit einer Art herrschenden Klasse, die den Gedanken nicht mag, dass in jedem von uns große Kraft vorhanden ist, die unendliche Kraft des Universums, die niemand anderer für uns interpretieren muss!«

ZWISCHENTÖNE 2
Verführung

Die Dreharbeiten für das Barefoot College fanden in zwei zweiwöchigen Drehreisen statt, wobei ein Jahr zwischen diesen Drehreisen lag.

Die erste Reise nach Tilonia im März 2016 diente uns zur Orientierung. Natürlich wollten wir gleich so viel gutes Material wie möglich einfangen, doch Geschichten lassen sich ja am besten über ausdrucksstarke Menschen erzählen, und die galt es erst zu finden. Kamla wurde uns zwar bereits bei unserem ersten Besuch vorgestellt und wir entschieden uns sofort, mit ihr zu arbeiten. Dennoch war eine zweite Reise notwendig, um Material mit Substanz zu haben.

Auch mit den Solarkocher-Frauen hatten wir schon beim ersten Besuch gedreht. Basanta, die junge Ziegenhirtin, hatte uns Bata, unsere Aufnahmeleiterin, empfohlen. Sie konnten wir erst im Jahr darauf treffen. Die Schwierigkeit bei all diesen Drehs lag für uns vor allem in der Sprache: Wir konnten ja mit keiner der Protagonistinnen direkt sprechen. Unsere Dolmetscherin hatte allerdings für das College selbst so viele organisatorische Aufgaben zu erledigen, dass sie manchmal nicht verfügbar war oder aber so überlastet, dass wir nicht direkt überprüfen konnten, was nun schon aufgenommen war und welche Fragen noch offen geblieben waren. Hier gab es zu Hause am Schneidetisch die eine oder andere Überraschung, und es wurde uns dann schnell klar, dass eine zweite Indienreise die Aufnahmen vervollständigen müsste.

Zudem merkten wir in Rajasthan am deutlichsten, wie fremd uns Menschen und Kultur sind. Immer wieder verstehen wir gar nicht, was vor sich geht, wenn zum Beispiel in gemeinsamen Besprechun-

Frauen werden die Welt verändern und Vorbilder sein

gen mit den Protagonistinnen plötzlich alle in Tränen ausbrechen, die in kürzester Zeit wieder versiegt sind. Bata, unsere Übersetzerin versucht immer wieder, uns einzuweihen, dennoch bleibt manches rätselhaft, und wir können nur erahnen, was die Menschen so tief bewegte.

Was uns stark auffällt: wie anders und geschützt sich die Atmosphäre innerhalb des Barefoot College anfühlt und wie fremd wir im traditionellen Dorf Tilonia sind, wo wir natürlich extrem auffallen und als Exoten beäugt werden.

Im College gibt es einen ganz natürlichen Umgang, auch zwischen Männern und Frauen, im Dorf sind die Geschlechter streng getrennt. Frauen gehen häufig nur verschleiert und ohne jemanden anzublicken vorbei. Ausschließlich Männer sitzen in den Gassen zusammen und trinken Chai, den traditionellen Gewürztee mit viel Milch und Zucker. Es ist ganz deutlich, dass das College die ungeschriebenen Gesetze der Traditionen aufhebt und durchbricht und dadurch den Menschen völlig neue Perspektiven eröffnet. Auch wir kehren nach den Ausflügen ins Dorf gerne in die geschützte Oase des Barefoot College zurück.

But Beautiful hat eine starke Klammer, die den Film sozusagen zusammenhält: Er beginnt mit dem Pianisten Kenny Werner und er endet auch mit ihm. Am Anfang spricht er darüber, was Musik sein kann, abhängig vom Bewusstsein der Musiker, und am Ende spielt er mit einer totalen Hingabe während eines Konzertes seine Komposition »Beauty Secrets« zu Ende. War das so geplant?

Nein, so etwas kann man meiner Meinung nach nicht planen, so etwas bekommt man geschenkt. Geplant war, mit einer Geburt zu beginnen und mit dem Tod zu enden. Unser Motto war: gut leben und mutig sterben. Wir begannen also, Kontakte zu knüpfen, um Familien zu finden, die uns erlauben, bei der Geburt ihres Kindes mit der Kamera dabei sein zu dürfen. Das war unglaublich aufwendig, wir haben uns mit Doulas (eine Doula ist eine Geburtsbegleiterin, die vor, während und nach der Geburt den Frauen hilfreich zur Seite steht) und Hebammen getroffen und letztlich zwei Geburten gefilmt, eine in Niederösterreich im so genannten Presshaus und eine im Krankenhaus Feldbach in der Steiermark. Die erste war sehr unproblematisch, und wir haben den Moment der Geburt auch wirklich gut eingefangen, die zweite zog sich über gut vierundzwanzig Stunden hin. Da konnten wir auch miterleben wie so eine Geburtenstation organisiert ist und mit welchem Fingerspitzengefühl die Hebammen die Geburten praktisch dirigieren. In dieser Nacht kamen dort acht Kinder zur Welt und ›unseres‹ kam ganz zum Schluss und es war dann auch noch eine Zangengeburt, die wir aus rechtlichen Gründen nicht drehen durften. Vielleicht war es auch diese Erfahrung, die uns von unserer ursprünglichen Idee abbrachte und irgendwann haben wir sie dann ganz aufgegeben.

Mit dem Tod kam es anders, und so ist es im Film jetzt auch montiert, nur halt nicht zum Schluss. Einerseits erzählt Erwin Thoma vom Tod des Vaters und was er gemeinsam mit ihm noch kurz davor erleben durfte. Und dann waren wir Ende Oktober, Anfang November 2018 in Mexico in Malinalco bei Lucia Pulido und durften miterleben, wie die Mexikaner mit dem Tod umgehen, speziell am Tag des Todes. Das fließt jetzt sehr schön, fast unauffällig in den Film ein. Für uns war es wirklich etwas Besonderes, diese Stimmung zuerst in den Gassen der Stadt und bei den wirklich ganz einfachen, armen Menschen mitzuerleben, wie sie uns da teilhaben lassen.

Wie wir zu den anderen Musikern, zu Mario Rom und zu
Lucia Pulido gekommen sind.

Im Januar 2016 sind wir nochmals nach New York gereist. Unser Musikberater Paul Zauner hatte Melba Bradford Joyce als Sängerin vorgeschlagen (ursprünglich wollten wir Barbara Morrison haben, die erkrankte dann aber). Nun, es hat sich heraus gestellt, dass Melba Bradford Joyce zwar eine wunderbare Sängerin ist, aber leider sehr unzuverlässig. Als wir in New York ankamen, war sie kurzfristig nach Texas gereist, obwohl wir einen Termin vereinbart hatten. Als sie dann endlich aus Texas zurückkam, musste Paul, er war der Einzige dem sie anfangs vertraute, mit ihr das Chaos in ihrer Wohnung in Harlem einigermaßen beseitigen, bevor wir dort mit ihr drehen durften. Das alles zog sich wie ein Strudelteig. Sie erzählte zwar durchaus originelle Geschichten aus ihrem Leben, zum Beispiel wie sie als kleines Mädchen mit dem großen Louis Armstrong auf der Bühne stand und sang, aber es drehte sich alles um sie, und vor allem um ihre Vergangenheit. Mit unserem Thema konnte sie eigentlich wenig anfangen, und so ist das dann auch wieder schnell auseinandergegangen.

Zurück in Wien, begann ich die Aufnahmen von den Inntönen 2012 zu studieren. Die waren ja mehr oder weniger ins Blaue hinein entstanden, während wir noch mitten in den Dreharbeiten für *Alphabet* steckten. Erst vier Jahre später entdeckten wir in diesen frühen Aufnahmen Lucia Pulido. Es gab von ihr drei wirklich brauchbare Einstellungen und alle drei haben in *But Beautiful* ihren Platz gefunden. Was auch noch wie ein Zeichen zu deuten war: Von den Inntönen 2012 waren fast alle Tonaufnahmen aus unserem Archiv verschwunden, nur Lucias Konzert war vollständig in wunderbarer Qualität vorhanden. Für mich sind solche Dinge kein Zufall, sondern es fällt uns eben etwas zu. Wir sind also mit Lucia in Kontakt getreten und sie war sehr gerne bereit, bei unserem Film mitzumachen. Im Sommer 2016 kam sie mit dem New Yorker Cellisten Eric Friedlander nach Europa, und wir begleiteten sie nach Tschechien und nach Krems an der Donau, wo sie beim Festival Glatt & Verkehrt einen Auftritt hatte.

Lucia war wirklich ein Glücksfall, nicht nur ihrer unglaublichen Stimme wegen, sondern ihre ganze Erscheinung, ihre Haltung zum Leben, zu ihrer Weiblichkeit, all das ist eine unglaubliche Bereicherung für den Film. Was mich am meisten beeindruckt bei ihr: Sie ist im Alltag eine bescheidene, zarte, sehr hilfsbereite Frau, sobald sie musiziert, strahlt sie eine natürliche Autorität aus, sie wechselt wirklich ihre Persönlichkeit und übernimmt auf der Bühne die Führung, besser die Verführung.

Zuvor aber hatten wir noch Gelegenheit, mit Mario Rom und seiner Band Interzone näher in Kontakt zu kommen, ebenfalls eine Begegnung, die bei den Inntönen ihren Anfang genommen hatte.

MARIO ROMS INTERZONE

VON DER FREUDE AN DER MUSIK UND AM ZUSAMMENSPIEL

Nothing is true **heißt das erste Album** von Mario Roms Interzone.
Alleine dieser Titel wäre für mich ein Grund, die drei jungen Männer
für einen Film begeistern zu wollen, eben weil ich die Wahrheit für
einen sehr schwierigen Begriff halte. Es war aber anders. 2014 hörten
wir Interzone zum ersten Mal und waren wie umgeblasen, weniger
vom Fortissimo des Trompeters der Band, sondern von den wie hin-
gehauchten Tönen, die der damals 24-Jährige seinem Instrument
entlockte. Ihr Auftritt bei den Inntönen 2014, wo die einzelnen Nummern durch launige Kurzgeschichten des Bassisten der Band – Lukas
Kranzelbinder – miteinander verbunden werden, wirkt nachhaltig.
Eine dieser Kurzgeschichten erklärt, warum es der Bassist ist, der die
Titel ankündigt: Der Boss redet nie! Das sagt eigentlich schon einiges
über Mario Rom, er drückt sich vor allem durch sein Instrument aus,
weniger durch Worte.

Es vergehen Monate bis zur nächsten Begegnung mit Mario. Es ist ein
Auftritt in einem ganz kleinen Jazzkeller in Wien, und Mario spielt
nicht mit Interzone, sondern zusammen mit einer Formation von Paul
Zauner. Nach dem Konzert kommt es zu einem Gespräch an der Bar,
nicht zwischen Mario und mir, nein, ein anderer Konzertbesucher
fragt Mario, wie er zu seiner Musik kommt und was Musik für ihn
denn eigentlich sei. Marios Antwort: Energie, es geht um einen Austausch von Energie. Spätestens jetzt ist klar, da steht unser Mann,
und ich mache einen Termin mit ihm aus, um Mario von unserem
Filmprojekt zu erzählen und ihn dafür zu gewinnen.

Auftritt von Mario Roms Interzone im Wiener Jazzclub »Porgy & Bess«

Er ist zwar sofort sehr begeistert, will aber ohne seine Partner und Freunde von Interzone, Lukas Kranzelbinder und Herbert Pirker, nicht entscheiden. Der erste Termin mit der Band findet im traditionsreichen Wiener Café Central statt, es ist Januar 2016, und wir hatten zuvor schon bei Kenny Werner in den USA gedreht. Es ist ein sehr freundliches erstes Kennenlernen. Dass sie dabei sind, ist schnell klar. Unklar sind nur die Termine, denn die Band ist ziemlich ausgebucht. Und so braucht es über ein Jahr, bis es zu den ersten Dreharbeiten kommt.

Mario übt und trainiert sehr viel an seinem Instrument und arbeitet an seiner Musik, allerdings fällt es ihm oft sehr schwer. Er muss sich, so erzählt er, sehr oft regelrecht überwinden. In solchen Situationen denkt er immer an andere Menschen, die Jobs haben, die sie gar nicht mögen, und er hat das Privileg, Musik machen zu dürfen, und kämpft mit dem inneren Schweinehund. Das sei dann der Moment, wo endlich das Mundstück genommen wird und das Training mit einfachen Blasübungen startet.

Mario Rom in seinem Proberaum

Viele von diesen Übungen, sagt Mario, haben gar nichts mit der Musik zu tun, die man später in einem Konzert spielt, und deshalb ist ein Konzert auch immer so etwas wie Urlaub. Aber man kann nicht immer Urlaub machen, und wenn man sich ein Blasinstrument ausgesucht hat, geht es neben der Technik immer um den Ansatz, um die Mundmuskulatur, also um die Schnittstelle zum Instrument. Ohne Ansatz kommt kein Ton. Punkt. Darum muss das tägliche Üben sein. Dieser Logik folgend findet der erste Dreh in Marios Proberaum statt. Es ist anfangs ein bisschen wie ein Abtasten zwischen uns beiden. Mario, der Introvertierte, der immer meint, er verstehe nicht, was es hier Interessantes zu filmen gebe, und ich, der Bewunderer, der vor so vielen Jahren den Trompetenkoffer geschlossen hat und dem dennoch jedes Ritual und vor allem auch der Geruch des Blechs noch sehr vertraut ist.

Mario erzählt von seiner Schulzeit in der Steiermark, wo er ein äußerst mäßiger Schüler war, den der Unterricht nur dann interessiert hat, wenn es um Musik ging. Im Abschlusszeugnis hatte er vierzehn Vierer bei insgesamt sechzehn Fächern, und als die Mutter dieses

Bandprobe: Mario Rom und Bassist Lukas Kranzelbinder

Zeugnis sah, sei sie fast in Ohnmacht gefallen. Sein erster Trompetenlehrer war sein Vater, der ihn sehr gefördert hat, genauso wie sein späterer Professor am Bruckner-Konservatorium in Linz. »Obwohl ich Klassik studiert habe, war es meinem Professor ganz egal, wenn ich Jazz gespielt habe, für ihn stand nur die Musik im Mittelpunkt, und wenn die Musik gut war, dann war es ihm recht. Es gab nur gute und weniger gute Musik und die gute ist die ehrliche, die vom Herzen kommt, die mit der Persönlichkeit des Musizierenden zu tun hat. Über all den technischen, harmonischen und rhythmischen Übungen und dem Lehrstoff stand die gute Musik aus dem Herzen im Zentrum meines Studiums. Es war mein großes Glück, dass ich von dem Augenblick an, als ich mich für die Trompete entschieden habe, also ab meinem sechsten Lebensjahr, nur Leute mit dieser Einstellung an meiner Seite hatte.«

Der erste Dreh mit Interzone, also mit der kompletten Band, mit Mario Rom (Trompete), mit Lukas Kranzelbinder (Bass) und mit Herbert Pirker (Schlagzeug), fand im Jazzclub Porgy & Bess in Wien statt, allerdings nicht am Abend und vor Publikum, sondern tagsüber, wo wir ganz alleine waren und wo wir Platz und Ruhe hatten,

Ein Konzert ist wie Urlaub

um eine richtige Studio Recording Session abzuwickeln. Es gab sofort gute Stimmung im Raum, und es lief der Wiener Schmäh, obwohl außer unserem Assistenten Aljoscha gar kein echter Wiener anwesend war.

Ganz wichtig für die drei jungen Musiker ist der soziale Aspekt. »Ja nur kein Ego-Ding und kein Personenkult, wahrscheinlich ist das der Grund, warum wir schon seit neun Jahren zusammen sind und noch keine existenziellen Konflikte gehabt haben«, erzählt Herbert, der Schlagzeuger, während er sein Drumset optimiert und die Mikros einrichtet.

Zuerst haben sich Mario Rom und Lukas Kranzelbinder während des Studiums am Konservatorium in Linz kennen gelernt, später kam Herbert Pirker hinzu, und kurz darauf spielten sie ihr erstes Konzert. »Eine Band spielt ihr erstes Konzert, und das war gleich das Wichtigste«, sagt Mario. »Bei uns hat alles gepasst, wir haben nie viel reden müssen, wir haben einfach gespielt.« Und Pirker versucht es so zu beschreiben: »Für uns gibt es keine Short Cuts, keine Abkürzungen, neun Jahre sind neun Jahre. Diese Erfahrung haben nur wir, es ist unsere Geschichte, wir haben auch außermusikalisch so viel erlebt, dass wir daraus immer wieder neue Einflüsse gewinnen und filtrieren können. Wir kennen und erkennen uns, diese Intimität entsteht durch Stabilität.«

»Real Icon« heißt die erste Nummer, die wir aufnehmen, und am Schluss, nachdem der Klang der Trompete verhallt ist, kann es sich Herbert nicht verkneifen: »Das ist das schönste Lied, das du geschrieben hast, da hast du einen Hit geschrieben.« Lukas am Bass nickt zustimmend. Mario ist dieses Lob fast peinlich: »Wir haben uns schon sehr gern. Das kann durchaus noch zwanzig Jahre lang so sein. Jeder von uns hat klare Vorstellungen von dem, was die Band für ihn bedeutet. Wir respektieren uns und lassen uns aufeinander ein.« »Genau der Respekt ist es, und es hat überhaupt nichts damit zu tun, die eigene Meinung zu beschneiden«, ergänzt Pirker, und weiter, »der Kompromiss, den wir finden, ist der beste für uns drei, es geht um die gemeinsame Musik. Die Interaktion hat immer Priorität, so unterschiedlich wir auch sind.«

»*Change of truth*« ist die nächste Nummer, die eingespielt wird, und in diesem Moment kann natürlich niemand von uns wissen, dass dieses Stück im Film in einen Dialog mit Erwin Thomas Erzählung treten wird. Thoma erzählt von seinen schlechten Schulnoten und wie er dem Vater über ein Jahr lang das Zugeständnis abringen musste, Förster werden zu dürfen. Das meine ich mit: Film ist Kontextkunst.

»Das Aufmachen ist es, verletzlich zu sein, Verbindungen zu suchen, Interaktionen mit Menschen anzunehmen, die man nicht kennt. Es ist herrlich zu sehen, wenn das Publikum strahlend und aufgeladen aus dem Saal geht. Das rechtfertigt für mich alles«, sagt Herbert Pirker, und Mario ergänzt: »Wir versuchen, es individuell so weit zu bringen, dass die technischen Fertigkeiten die gemeinsame Musik nicht behindern. Ich übe nicht, um Phrasen zu beherrschen, die andere super finden, oder um der Phrasen willen. Es geht darum, dass man das, was man in der Band spürt, auch umsetzen kann. Das Instrument darf kein Hindernis sein. Wir fordern gegenseitig unsere Aufmerksamkeit heraus. Das ist nicht antrainiert. Es ergibt sich.«

Mario Rom, Lukas Kranzelbinder und Herbert Pirker: nicht nur musikalisch eine Einheit

Und Lukas Kranzelbinder ergänzt: »Ich denke, dass sich der Fluss unseres gemeinsamen Spiels immer wieder anders entwickeln wird. Eine Gabe, die die Band von Beginn an hatte, war die Fähigkeit, die Energie der Musik direkt auf das Publikum zu übertragen. Da passiert bei jedem Konzert enorm viel Austausch. Und ich denke, dieser Austausch beginnt mit dem ersten Ton, endet mit dem letzten und beinhaltet auf dem Weg dazwischen alle Faktoren, die Interzone ausmachen: Komposition, Improvisation, Kommunikation, Spaß, Freude, Intensität, Unbändigkeit und Kompromisslosigkeit, aber auch die Optik. Unsere Konzerte sind für das Publikum genauso wie für uns eine Reise. Und das Schöne ist sicher, dass das Ziel jeden Abend ein anderes ist.«

Als dieser Dreh vorüber ist, sind wir alle, die drei Musiker, Aljoscha und ich beseelt. Wir spüren, dass wir etwas getan haben, was richtig war und was sich gut angefühlt hat. Später am Tag schreibe ich den drei Musikern eine Nachricht, wie tief beindruckt ich von ihrer Virtuosität bin, von der unglaublichen Kraft und Energie ihrer Musik.

Drehpause mit Mario Roms Interzone

»Ich muss schauen, dass es allen gutgeht, das ist meine allerwichtigste Aufgabe. Die anderen sind mit viel komplexeren Aufgaben konfrontiert, mit herausfordernden Harmonien und melodischen Themen, aber wenn das Schlagzeug nicht aufpasst, dass es dem Rest der Band wirklich gutgeht, dann entstehen erhebliche Probleme.« Herbert Pirker trifft mich komplett auf dem falschen Fuß, nach einem Dreh mit Interzone – genau genommen dem letzten Dreh – im Grazer Jazzlokal Stockwerk. Kurz vor Weihnachten 2018 kommt er auf mich zu und konfrontiert mich mit so einer Aussage. Unsere Aufnahmegeräte sind längst verpackt, es ist Mitternacht, und ich habe keine Chance, Herberts Gedanken aufzunehmen. Man kann nicht alles haben, tröste ich mich und mache mir eine kleine Notiz.

Ausschlaggebend war, dass Herbert unmittelbar nach dem Konzert mit einem seiner ehemaligen Studenten gesprochen hat, der es nicht lassen kann, so Herbert, sich in den Vordergrund spielen zu wollen.
  »Wenn man als Schlagzeuger in einer Band nicht rücksichtsvoll ist, wird es ganz schnell furchtbar. Es ist ja das mit Abstand lauteste Instrument in der Band. Das Schlagzeug kann das gesamte Frequenzspektrum abdecken und alles auslöschen. Darum ist es so wichtig, dass der Schlagzeuger seine integrative Funktion wahrnimmt und das Gemeinsame unterstützt. Das ist eben das Interessante an diesem Platz, jeden Moment darüber zu entscheiden, wie kann ich die anderen unterstützen, wo mache ich Dinge dicht und laut und wo gibt man der Gruppe einen Schub und wann nimmt man Dynamik wieder raus. Der Schlagzeuger diktiert die Dynamik und muss sich dieser Verantwortung bewusst sein.«

Da kommt einer der versiertesten Schlagzeuger des Landes mitten in der Nacht auf mich zu und sagt so etwas, erzählt mir sein Erfolgsgeheimnis, spricht über seine Auffassung vom Zusammenspielen, äußert Gedanken, die auch von Jetsun Pema sein könnten.

Herbert Pirker: »Ich muss schauen, dass es allen gutgeht.«

Ich muss zugeben, dass auf mich seit Jahrzehnten die Schlagzeuger in den Bands eine außergewöhnliche Faszination ausüben, und wenn eine Band keinen guten »Drummer« hat – ich kenne eigentlich nur Männer in dieser Position –, ist es in der Regel auch keine gute Band, vielleicht sind die Beatles die große Ausnahme.

»Ein Konzert ist eine Art von Ritual, und wenn dieses Ritual gut ausgeführt wird, dann bekommen die Leute Glück, eine Form von Kraft und Energie«, erzählt mir Herbert gut zwei Wochen später während der Weihnachtsferien, als er mich im Wiener Schneideraum besucht. Diesmal ist der Soundrecorder parat und die Aufnahme läuft.

»Als Musiker vergisst man ganz leicht, dass die Mehrzahl der Menschen, die in einem Konzert sind, die ein Konzert besuchen, ein ganz anderes Leben führen. Für uns ist das ganz normal, was wir machen, wie wenn jemand Installateur ist und morgens in die Firma fährt, den Bus volllädt, sich auf den Weg zum Kunden macht und ein paar Röhren repariert. So ist es für uns normal, dass wir keinen regelmäßigen Rhythmus haben, dass wir auf Reisen sind, Konzerte spielen, dazwischen proben, dann Aufnahmen machen und dann unterrichten gehen. Dass man nicht an einem Ort wohnt, sondern die ganze Welt die Wohnung ist. Es ist schon schön, einmal länger zu Hause zu sein, aber ich bin wirklich gerne auf Reisen«, so Herbert. Und er fährt fort:

Das Singen und das Trommeln, das sind die ältesten Instrumente, beide haben nach wie vor eine archaische Funktion, und genau das ist es, was mich an meinem Instrument am meisten fasziniert: dass es eben so simpel ist und dass es so eine große Kraft hat. Die Schönheit in der Einfachheit. Man stellt ein paar Trommeln hin und kann sofort etwas machen, wo die Menschen tanzen und was eine Emotion auslöst.

Ein Instrument lernen und selbst, wenn es ein so simples Instrument wie ein Schlagzeug ist, ist wie eine Sprache lernen, und man lernt nie aus, es geht immer weiter. Aber die Frage für Musiker, die wirklich Musik machen wollen, ist ja dann: Was erzähle ich in dieser Sprache und wem erzähle ich es? Darum ist ja jedes Konzert ganz anders, und man kann sich auf ein Konzert auch nicht wirklich vorbereiten, die Vorbereitung war das ganze Leben davor, und wenn die Erzählung an diesem speziellen Abend eine gute war, dann weil wir uns eben nicht speziell vorbereitet haben.

Es gibt so ein Super-Zitat von Elvin Jones (US-Schlagzeuger der im John-Coltrane-Quartett bekannt wurde), wo ihn jemand fragt, wie er sich auf das Konzert vorbereitet, und er sagt: gar nicht, denn wenn er mit einer Erwartungshaltung auf die Bühne geht, hat er ja überhaupt keine Chance, für die Menschen etwas Besonderes zu machen. Dann spult er ja etwas ab, was er vorbereitet hat, und das ist nicht der Mehrwert, den die Musik haben sollte.

Wenn ich ein Stück, ein Phrase, die ich zu Hause einübe, versuche, im Konzert in eine Nummer reinzubetonieren, macht das die Musik sofort kaputt, und jeder in der Band spürt das und dann ist ein Energieproblem da … Sobald man das versucht, dass man irgend etwas spielt, was gerade keinen Platz hat, nur weil man es geübt hat, leidet die Musik sofort darunter, und alle leiden mit.

Wenn man umgekehrt einfach nur spielt und das fließen lässt und nicht versucht, krampfhaft der Musik den eigenen Stempel aufzudrücken und seine eigene Vorstellung zu erzwingen, dann funktioniert die Musik umso besser und es entstehen Dinge, dann entsteht der Mehrwert in der Musik, wie ich das nenne. Man kann auch Inspiration dazu sagen.

Eines muss ganz klar gesagt werden: Wenn wir improvisieren, wissen wir eigentlich nicht genau, was wir tun, dann hört das rationale Denken auf. Es ist ein sehr interessantes Erlebnis und eigentlich eine wunderbare Gabe, dass in dem Moment, wo dieser schöpferische Akt einsetzt, wo der magische Moment der Musik in die Welt kommt, kognitives Denken keinen Platz hat.

Es sind genau diese Gedanken von Herbert Pirker, aber auch die wertvollen Gespräche, mit den anderen Musikern, die uns über die Jahre begleitet haben, die mich darin bestätigen, dass Musik neben der Malerei die höchste Form von Kunst ist. Der Moment, in dem die Musik passiert, ist so direkt, so unmittelbar, letztlich so ehrlich, da können die anderen Kunstsparten meiner Meinung nach nicht mithalten. An einem Film arbeitet man unter Umständen jahrelang und hat dabei soviel Zeit über die einzelnen Arbeitsabschnitte nachzudenken, sie zu hinterfragen, Dinge zu verändern, dass in diesem Prozess oft der Hauptgrund, warum man den Film drehen wollte, am Schluss verloren zu gehen droht.

Ich muss an Kenny Werners Spruch denken: »Music is the only art form where we say to play!« Was soll man da als Filmer antworten? Let's shoot?

ZWISCHENTÖNE 3
Schatten

Der schwierige Sommer 2016.

Wir hatten im Konzeptpapier unter anderem geplant mit einer Schule in Russland zusammenzuarbeiten. Diese Schule hatte uns schon während der Dreharbeiten für *Alphabet* interessiert, es fehlte uns damals eine Kontaktperson. Es handelte sich um eine Internats-Schule, die in einer kleinen Ortschaft am Schwarzen Meer beheimatet und dafür bekannt ist, dass die Schüler sehr schnelle Fortschritte machen und den Lernstoff ganz anders verarbeiten, als das bei uns in einer Regelschule der Fall ist. Wenn man zu dieser Schule, die 1998 von der UNESCO zur besten Schule der Welt erkoren wurde, recherchiert, bekommt man widersprüchliche Informationen. Wir haben Leute kennengelernt und uns mit ihnen getroffen, die diese Schule besucht haben und total begeistert zurückgekommen sind, andere warnten uns eher. Da wir ganz spontan im Sommer 2016 über eine Kontaktperson eine Einladung von der Direktion erhielten, entschieden wir uns, die Gelegenheit zu nutzen, uns selbst ein Bild vor Ort zu machen. Es war alles so überraschend, dass wir Mühe hatten, für die Dreharbeiten noch eine Übersetzerin zu finden. Da die Informationen über die Schule allerdings so widersprüchlich waren, reisten wir im Mini-Team, also nur zu zweit an.

Nach einer sehr anstrengenden und auch aufregenden Reise ans Schwarze Meer wurden wir freundlichst von dem Direktor der Schule und einer kleinen Delegation empfangen. Wir überreichten Geschenke – ein wichtiger Türöffner für ein erstes Kennenlernen. Alle waren festlich und traditionell gekleidet, wie das hier an der Schule üblich ist: Frauen müssen lange Röcke tragen, Männer lange Hosen und auf jeden Fall ein Hemd.

Im Büro des Direktors gab es dann die erste Irritation, die mir sofort ins Auge gesprungen ist. Unter dem Porträt des russischen Präsidenten stand eine Stalin-Büste. Wir wurden üppig bewirtet, und der Direktor hat mit seinem ausufernden, aber auch sehr einnehmenden Vortrag unsere Übersetzerin Sara wirklich herausgefordert. Nach rund einer Stunde wurde dem Direktor auf sein Zeichen hin eine Ziehharmonika gebracht, auf der er zu spielen und dazu zu singen begann. Es war irgendwie pittoresk, aber auch sehr berührend, und es hielt mich kaum auf meinem Sessel, ich wollte die Kamera aus dem Auto holen, um diese Szenerie einzufangen. Das durfte ich aber nicht. Wir wurden auf eine kommende Möglichkeit vertröstet, die aber nicht mehr kam. Es war auch nicht gestattet, im Büro des Direktors zu fotografieren oder zu filmen, und so, wie die Stimmung und Atmosphäre waren, wäre man auch nicht auf den Gedanken gekommen, gegen diese Hausordnung zu verstoßen. Es wurde uns schnell klar, wer hier das Sagen hat, wer der Gast und wer der Gastgeber ist, der die Regeln aufstellt.

In den kommenden Tagen durften wir uns nach einer genau vorgegebenen Choreografie auf dem Gelände bewegen und drehen. Wir waren jeden Augenblick unter Kontrolle. Die Tagesdisposition wurde von der Direktion bestimmt und nach deren Gutdünken auch willkürlich wieder verworfen. Morgens mussten wir im Hotel warten, bis ein Anruf kam, dann wurde ein Fahrer geschickt, der uns aufs Schulgelände brachte, wo man bereits auf uns wartete und dann in die jeweilige Klasse oder den Tanzsaal oder eine Werkstatt führte, je nachdem, was die Direktion als Drehort ausgewählt hatte.

Während unserer zehntägigen Anwesenheit wurde von den Schülerinnen und Schülern ein Haus gebaut, dessen Baufortschritte wir dokumentieren durften. Es war wirklich interessant zu beobachten, wie hier der Tag getaktet ist und wie unterrichtet wird.

Aufgestanden wird um 4:30 Uhr, um 21:30 Uhr beginnt die Nachtruhe. Dazwischen wird geputzt, gekocht, getanzt, gegessen, am Haus gebaut, gelernt, geschneidert, Kampfsport trainiert und es werden die Bienen versorgt.

Der Unterricht findet in kleinen altersgemischten Gruppen statt, SchülerInnen zwischen ca. acht bis sechzehn Jahren lernen mit- und voneinander, jeder ist also Lehrer und Schüler zugleich. Vorträge von Lehrkräften, die meist schon als Schüler hier gewesen sind, dauern nur kurz, der Ball wird sofort an die SchülerInnen weitergegeben, die sich das Wissen selbst erarbeiten und dabei äußerst gründlich vorgehen. Die Lehrkräfte begleiten sie dabei. Der Unterricht ist fächerübergreifend, und man achtet auf einen ständigen Wechsel zwischen körperlicher und geistiger Betätigung, sodass alle Sinne intensiv trainiert werden.

So laufen die Jugendlichen nach einer hoch konzentrierten Lerneinheit zu ihren Unterkünften, ziehen sich rasch um, um kurz darauf auf der Baustelle zu erscheinen und körperlich zu arbeiten oder sie trainieren auf der Tanzfläche – in traditioneller russischer Tracht – Volkstänze. Auf der Baustelle wird geschmirgelt, gestrichen, gehämmert, es werden Fliesen verlegt und Wände bemalt. Angeleitet und beaufsichtigt werden diese Arbeiten von einem ehemaligen Schüler, der Bauingenieurwesen studiert hat und nun an der Schule unterrichtet. Alle Gebäude auf dem Gelände – und es kommen immer wieder neue hinzu – wurden und werden von den SchülerInnen selbst gebaut, eine wirklich eindrucksvolle Leistung.

Die Schule ist auch dafür bekannt, dass ihre Tanzgruppen national und international auftreten und an Wettbewerben teilnehmen.

Wir waren sehr beeindruckt, am meisten wohl von der Begeisterung der Studierenden und ihrer Lebensfreude und auch ihren unglaublichen Fertigkeiten. Aber es war unmöglich, in Erfahrung zu bringen, was für eine Haltung wirklich dahinter steht. Fragen, die etwas tiefer gingen, waren keinesfalls zugelassen, kritisches Nachfragen schon gar nicht

Bei einem zweiten Besuch beim Direktor wollte ich deutlich machen, dass Dreharbeiten, die ich nicht selbst gestalten darf, sondern bei denen die Direktion Regie führen möchte, keinesfalls akzeptabel sind, und musste mir einen Vortrag anhören, wer hier das Sagen hat. Widerspruch wird nicht geduldet.

So war nach wenigen Tagen schon deutlich, dass diese Reise zwar lehrreich und spannend, das gesammelte Filmmaterial aber unbrauchbar für unseren Film sein würde. Das »But« war in diesem Fall größer als das »Beautiful«.

Wir sind ja stets in einem Mini-Team unterwegs, meistens zu dritt oder zu viert, manchmal sogar nur zu zweit. Wie funktioniert das?

Die ideale Besetzung ist meiner Meinung nach ein Dreierteam. Da ich die Kamera selbst mache, gibt es daneben einen Kamera-Assistenten, der in erster Linie bei mir ist, und dann noch jemanden, der sich um den Ton kümmert. Wir sind aber alle so genannte Allrounder, wie man das früher im Sport nannte, also zur Not sollte auch der Kamera-Assistent beim Ton mithelfen können und umgekehrt. Drei sind also ideal, aber nicht in jeder Situation. Gibt es viel zu organisieren, das beginnt bei den Genehmigungen, geht über die Einverständniserklärungen bis zur Organisation der Verpflegung, dann sind drei überfordert, und man braucht unbedingt eine vierte Kraft. Es gibt aber auch Drehsituationen, wo nur zwei Leute nötig sind. Die Nachtaufnahmen mit Erwin Thoma bei Vollmond waren genau in der Silvesternacht 2017 auf 2018. Erstens ist es schwierig für die Silvesternacht einen Mitarbeiter zu gewinnen, und zweitens ist es viel angenehmer, wenn bei solchen, fast intimen Dreharbeiten nur Leute dabei sind, die sich wirklich gut miteinander verstehen. Da waren neben Erwin Thoma dann nur Sabine und ich mit sehr kleinem Equipment unterwegs, wir hatten viel Spaß, und es wurde ein unvergesslicher Silvesterabend. Man kann durchaus das Nützliche mit dem Angenehmen verbinden.

Nach der Russlandreise und der Erkenntnis, dass dieses Projekt auf keinen Fall einen Platz in But Beautiful bekommen würde, herrschte eine gewisse Ratlosigkeit. Zu vieles hatte bisher nicht geklappt, zu vieles war noch völlig offen und ungeklärt. Wie geht man mit so einer Situation um?

Krachend fällt der Baum, still wächst der Wald

Tatsächlich hatten wir zwar schönes Material im Kasten, eben Kenny Werner, einige Aufnahmen mit Lucia Pulido, das Barefoot College, doch wir waren noch intensiv auf der Suche nach einem Permakulturprojekt und auch noch nach Menschen, die uns das Thema Mitgefühl und Achtsamkeit näherbringen könnten. Einige Monate lang versuchten wir über verschiedenste Kontakte weiterzukommen, letztendlich aber waren das alles Sackgassen.

Es war eine schwierige Zeit, offenbar nicht nur für uns: Menschen, die uns weiterhelfen wollten, meldeten sich plötzlich nicht mehr. Später stellte sich heraus, dass der eine ein Burn-out hatte, die nächste eine Trennungskrise, potenzielle Protagonisten waren so ausgebucht, dass frühestens in zwei Jahren ein Termin zu bekommen war.

So gab es Momente für uns, in denen wir dachten: Es wird nichts, wir scheitern mit diesem Film. Aber so einfach geben wir nicht auf, und ein Film ist, wie Roman Polanski so schön sagte, the result of the compromises you have not made, also das Ergebnis der nicht gemachten Kompromisse. Im Herbst 2016 gab es noch ein paar Drehs mit Musikern, aber es war gleich spürbar, dass es dieses Material nicht in den Film schaffen würde.

Vollmond in der Silvesternacht 2017

Anfang 2017 schrieben wir einer spontanen Idee folgend an den Holz-bauunternehmer Erwin Thoma. Dieser antwortete postwendend am selben Tag, und wir hatten einen neuen verlässlichen und wichtigen Protagonisten gefunden. Ein paar Tage später und mit relativ gerin-gem Aufwand waren die Dreharbeiten mit den »fallenden Bäumen im Schnee« abgedreht, ab da war spürbar, es geht wieder voran.

Im Frühling desselben Jahres dann noch ein Schritt vorwärts: Bei einer Reise nach Berlin hatte man uns ein herausragendes Perma-kultur-Projekt genannt, und im Mai 2017 reisten wir nach La Palma.

»DER WEG UND DAS ZIEL IST DAS LEBENDIGE«

DAS KONSEQUENTE LEBEN
DER FAMILIE GRAF.
PERMAKULTUR ALS HALTUNG

»Im gleichen Maße, wie Menschen sich von der Natur lösen, ent-
fernen sie sich immer weiter von ihrem eigenen Mittelpunkt. Doch es setzt
sich eine Gegenkraft durch, das Verlangen, zur Natur zurück zu kehren,
entsteht.«

Masanobu Fukuoka in *Der große Weg hat kein Tor*

Viele Monate hatten wir nach einem geeigneten Projekt Ausschau gehalten, das für unser Thema Verbundenheit in der Landwirtschaft geeignet ist, doch es fand sich lange keines, das uns wirklich überzeugte.
Zwar gab es Permakultur-Betriebe, Ökohöfe und Urban Gardening in
Hülle und Fülle, nah und fern, überall auf der Welt, doch wir suchten
nach etwas Besonderem, einem Projekt, in dem das Land und die
Menschen, die es pflegten und darauf lebten, eine echte Verbindung
eingegangen waren.

Der Berliner Wirtschaftswissenschaftler Bernd Senf gab uns dann
den entscheidenden Tipp. Auf der kleinen kanarische Insel La Palma
gebe es ein Paar, das so gründlich und konsequent einen neuen Weg
beschritten habe, dass wir dort gewiss finden würden, wonach wir
suchten.

Barbara und Erich Graf hatten auf der Westseite der (einst) grüns-
ten, weil waldreichsten Kanareninsel La Palma in rund 800 Meter
Seehöhe ein terrassiertes Gelände einer ehemaligen Avocado-Mono-
kultur gekauft, das bei ihrer Ankunft vor zehn Jahren völlig verwahr-
lost und verwüstet war. Nachbarn hatten dringend vom Kauf dieses
7000 Quadratmeter großen Grundstücks abgeraten, waren doch
sämtliche Avocadobäume frucht- und blattlos gewesen, der Boden

Ödland, wie es die Grafs bei ihrer Ankunft vorgefunden haben

ausgelaugt, das am Grundstück befindliche Haus baufällig und unbewohnbar. Ein paradiesischer Ort zwar, hoch über dem Meer gelegen, ein angenehmes Klima mit nahezu ganzjährigem frühlingshaften Charakter dank des Kanarenstroms und des Nordostpassats, traumhafter Blick auf den Atlantik über die steil abfallenden Hänge der jüngsten kanarischen Vulkaninsel. Dennoch konnten weder der atemberaubende Blick noch das Klima darüber hinwegtäuschen, dass jede Menge Arbeit auf das Paar wartete, das mit seinem dreijährigen Sohn aus Berlin am äußersten Rand Europas angekommen war. Aber sie hatten eben diese Herausforderung gesucht: ein verwahrlostes Stück Land in geografischer Nähe zur Sahara wieder zum Leben zu erwecken.

Und sie meinten es im wörtlichen Sinne: Obwohl Fachleute ihnen geraten hatten, alle bestehenden Avocadobäume zu fällen, weil sie vermutlich nie mehr Blätter oder gar Früchte tragen würden, begannen sie Schritt für Schritt, den Boden wieder zu beleben, um die alten Bäume erneut zum Sprießen zu bringen. Niemand wusste, ob es gelingen würde. Nun nach zehn Jahren, als wir die Grafs besuchen, bilden diese damals »toten« Bäume auf der Naturterrasse hinter dem

Die ehemals nahezu abgestorbenen Avocadobäume voller Früchte und mit üppigem Blätterdach

Haus ein weitläufiges Blätterdach, und Abertausende Avocadofrüchte in allen Größen und bester Qualität hängen üppig an den Ästen.

Wenn auch nur ein kleines Stück Land wieder aufgeforstet wird, entsteht kleinräumig ganz rasch ein großer Effekt, das Klima in diesem Raum wird günstig verändert: Im Schutz des Blätterdachs eines Baumes wird sehr viel Wasser im Boden gespeichert, über die Blätter Feuchtigkeit aus der Luft angezogen. Das jährlich abgeworfene Laub sorgt für eine anwachsende Humusschicht, im Wurzelraum bildet sich ein weitläufiges Netzwerk von Pilzgeflechten, das mit allen umliegenden Pflanzen und Teichen kommuniziert und Nährstoffe austauscht und mehr und mehr Bodenlebewesen anlockt, die zuvor schon gänzlich verschwunden waren.

Solche in sich stabilen, sich selbst nährenden und sich selbst regulierenden Systeme aufzubauen, ist das Hauptziel einer Permakultur. Die Begründen Bill Mollison und David Holmgren wollten in den 70er Jahren des vorigen Jahrhunderts einen Gegenentwurf zur damals wie heute immer noch herrschenden industriellen Landwirtschaft entwickeln, die niemals von Dauer sein kann. Sie hinterlässt nur verbrauchte, verbrannte Erde. Wo einmal gerodet wurde, wächst später wenig nach, der Boden erodiert und kann keine Feuchtigkeit mehr speichern.

Die weltweiten Waldverluste schreiten seit Jahrzehnten voran. Laut FAO-Bericht verschwinden jährlich durchschnittlich 4,9 Millionen Hektar Wald ersatzlos, was zur zunehmenden Verwüstung der Erde führt. Umso mehr sehen die Grafs ihre Arbeit nicht nur als persönliches Lebensmodell, sondern auch als politischen Akt, indem sie zeigen, dass ein gänzlich anderes Leben, als es der Mainstream vorgibt, ein selbstbestimmtes Leben möglich ist, in dem von einzelnen Menschen Verantwortung übernommen wird.

»Die erste Direktive der Permakultur:
Die einzige ethische Entscheidung ist, Verantwortung für die
eigene Existenz und die unserer Kinder zu übernehmen. Jetzt!«
Bill Mollison

Als die junge Familie ankam, musste sie erst mal achtzehn Monate im Zelt leben, bis das Haus so weit renoviert war, dass man darin wohnen konnte. Barbara Graf, die auch Architektur studiert hatte, hat es selbst geplant und neu gestaltet. »Wir haben ein relativ großes Haus, vier Zimmer, einen Schulungsraum, eine Küche und ein Büro. Als Permakulturisten denken wir immer auch daran, Raum zu schaffen für Flüchtlinge oder Hilfsbedürftige. Ganz gezielt bauen wir unser Land so auf, dass wir vor allem Kindern helfen könnten, für eine gewisse Zeit an einem guten Ort zu leben, wenn sie das brauchen.«

»Obwohl die Probleme der Welt zunehmend komplex sind, bleiben die Lösungen beschämend einfach.«
Dieser wichtige Leitsatz der Permakultur, geprägt von einem ihrer Begründer, dem Australier Bill Mollison (1928–2016), bestätigte sich für die Grafs nach jahrelanger Erfahrung in sehr vielen Lebensbereichen.

Das von der Architektin Barbara Grafin gänzlich in ökologischer Bauweise renovierte Wohnhaus

Es ist beschämend einfach, gute Lösungen zu finden, die funktionieren, die das Lebendige stärken, die allen Unkenrufen zum Trotz tatsächlich für nahezu jeden anwendbar wären, erklärt uns Barbara Graf. »Wir zeigen, was zwei Erwachsene mit zwei Kindern schöpfen können. Wir haben in einer heute typischen Agroindustriewüste begonnen. Es wuchsen Steine, der Boden war ausgelaugt und zum großen Teil durch Intensivanbau und Erosion abgetragen, mit Chemikalien, Pestiziden, Kunstdünger, Fungiziden und viel Abfall verseucht. Den Abfall haben wir in sechsmonatiger Kleinstarbeit entsorgt. Für die Bodengesundheit haben wir Chemikalien und Schwermetall abbauende Kräuter gesät, Mikroorganismen eingesetzt und sofort angefangen, Wurmkompost und Terra Preta herzustellen. Wir fragen nicht: ›Was kann ich haben?‹, sondern: ›Was kann ich geben, damit es unserer Mutter Erde bald besser geht?‹

Permakulturisten versuchen nicht, einen kleinen ökologischen Fussabdruck zu hinterlassen, sondern einen üppig grünen! Dieses Ziel erreichen wir, indem wir Verluste, also Erosionen aller Art verhindern. Wir vermeiden das lineare Denken und Handeln, das zu Armut führt. Die

Das wiederbelebte Land entwickelte sich von der Wüste zur Oase

Permakultur entsteht, wenn wir in Kreisläufen denken und handeln. Wir schaffen lebenszentrierte Kreisläufe und Ökosysteme, die in sich stabil, also permanent sind.

Barbara Graf

Gemeinsam mit ihren Söhnen Julian und Marian sowie mit vielen so genannten »compañeros« – damit ist nicht eine Helferschar von gleichgesinnten Menschen gemeint, wie wir ursprünglich angenommen hatten, sondern all die unzähligen Tiere und Pflanzen und Mikroorganismen, die die Familie aktiv und auf natürliche Weise dabei unterstützen, das vormals verwüstete Land neu zu beleben – arbeiten und forschen die Grafs auf dem 2007 übernommenen Stück Land und sind damit so erfolgreich, dass sie mittlerweile angrenzende Flächen hinzunehmen können, um die Wiederbelebung auszudehnen.

Der erste Schritt war, die Gräben anzulegen. Wenn es regnet, kann der ganze Regen einsickern in die Erde und kann sich dann umwandeln in Wachstum. Wir geben Impulse, wir suchen das, so gut wie möglich vor-

Swales, tiefe Furchen an jeder Hangterrasse, fangen das Regenwasser auf und lassen die jungen Bäume gut gedeihen

zubereiten, aber dann, dann arbeitet die Natur. Und sie antwortet. Das ist eben das Entscheidende.

Ziegen, Gänse, Enten, Hühner und Pfauen werden nicht etwa zur Mast und zum Verzehr gehalten, in der Permakultur sind diese Klein-tiere wichtige Mitarbeiter, die hier bei den Grafs, die vegetarisch le-ben, alle einen Namen tragen und niemals geschlachtet oder verkauft werden. Die Tiere sorgen zum einen für den so wichtigen Dung, der den Boden nährt, direkt unter dem Ziegenauslauf ist ein Gemüsebeet angelegt, das so ganz natürlich und beständig und ohne den Men-schen Arbeit zu bereiten mit den düngenden »Böllerli« versorgt wird. Die Hühner scharren und picken den ganzen Tag und massieren und lockern somit den Boden auf perfekte Weise und verteilen außerdem die Samen überallhin.

Die Eier des Federviehs und die Milch der Ziegen sind willkommene Geschenke der Tiere, die den Speiseplan der Grafs erweitern, aber das ist nicht der Grund, weswegen sie gehalten werden. Es geht darum, ein harmonisches Gleichgewicht wiederzuerlangen, ein Miteinander zwischen Mensch und Natur.

Die Hühner haben wieder gelernt, in den Bäumen zu leben

»Ich sehe es als Zusammenarbeit«, sagt Erich Graf, während er die Ziegen melkt, was zu seinem Morgenritual gehört, »wir machen uns damit gemeinsam unabhängig. Das ist für mich Freiheit. Die Tiere gehören zur Erde und leben im Rhythmus mit der Erde. Das heißt, da können wir sehr viel lernen. Rein durch die Beobachtung können wir von diesen Tieren sehr viel lernen. Und das ist von mir aus gesehen nur möglich in so einem übersichtlichen, kleinen Kontext. Sobald ich drei-, vierhundert Tiere zu betreuen habe, dann wird es zur Maschinerie, dann wird es Stress, dann wird es anstrengend. Dann hört der Spaß auf.«

Besonders wichtige »compañeros« – als solche werden alle Lebewesen, ob groß oder klein hier angesehen – sind für die Familie Graf die Bienen. Als wir sie auf ihrer Terrasse besuchen wollen, ziehen plötzlich Wolken auf, und Erich vertröstet uns auf später. Wir müssen eine Sonnenstunde abwarten, denn nur bei Sonnenschein fliegen sie aus und zeigen sich.

Erich hat vor sieben Jahre im Grunde als völliger Laie mit der Bienenzucht begonnen, zum einen, um dazu beizutragen, sie vor dem

Aussterben zu bewahren, zum anderen, weil sie wichtige Mitarbeiter in Garten und Natur sind. Eine einzelne Biene bestäubt Tausende von Blüten jeden Tag! Für diese unglaubliche Leistung der Bienen, erklärt uns Erich, sollen sie auch ausschließlich bestes Futter bekommen und das sei nun mal der Honig, den sie selbst produzieren. Honig ist sozusagen ihre Kraftnahrung, der den Bienen keinesfalls entzogen werden darf!

Bienenvölker, denen der Honig weggenommen und durch Zuckerwasser ersetzt wird, werden extrem geschwächt und dadurch enorm anfällig für Krankheiten.

Natürlich steht diese Haltung in völligem Gegensatz zur gängigen der Imkerindustrie, die Bienen wie Zuchtvieh behandelt und die bestrebt ist, so viel Honig wie möglich zu produzieren und zu verkaufen. In der Imkerindustrie geht es ja nicht um die Bienen, sondern um den Ertrag, dem alles untergeordnet wird. Man nimmt in Kauf, dass die Bienen geschwächt werden und erkranken. Es wird nicht mal ein Zusammenhang hergestellt zwischen dem Raubverhalten des Menschen und den vielfältigen Erkrankungen und dem Bienensterben weltweit.

Ein weiterer Grund für die Anfälligkeit der Bienen – so erfahren wir – ist das Überzüchten der Bienen zu doppelter Größe. Man war der Meinung, größere Bienen würden auch mehr Honig produzieren, könnten mehr Pollen tragen, könnten mit einem längeren Rüssel tiefer in die Pollen eindringen, um mehr Nektar aufzusaugen.

Um also gesunde Bienen zu halten, ist es zum einen wichtig, deren Vorratskammern nicht auszurauben, sondern ihnen die selbst produzierte hochwertige Nahrung zu überlassen. Zum anderen kann man nach und nach die Wabengrößen verkleinern, sodass die Bienen wieder ihre ursprüngliche Größe zurückerhalten. Die natürliche Zellgröße liegt bei 4,9 Millimeter oder sogar darunter. Erich Graf arbeitet hier auf seinem Land mit der kleinen schwarzen kanarischen Biene. Sie ist rund halb so groß wie die groß gezüchteten europäischen Biene, die Apis Mellifera. Wenn man die natürliche Zellgröße nicht überschreitet, verschwinden alle Krankheiten, so die Beobachtung der Grafs. Auch haben die kleinzelligen Bienen noch weitere Vorteile:

Sie fliegen schneller, sind wendiger und leben deutlich länger. Weil es deutlich mehr Bienen in so einem Volk gibt, wird die anfallende Arbeit des Putzens gründlicher ausgeführt. Parasiten und Viruskrankheiten sind unter Kontrolle.

Vor hundert Jahren wurde die Zellgröße der Apis Mellifera durch Wabenvergrößerung manipuliert. Nun kann man durch vorgegebene kleinere Waben erreichen, dass die Bienen früher schlüpfen, also kleiner bleiben und dadurch wieder resistenter gegen Krankheiten werden. Besonders effektiv ist diese Maßnahme gegen die bei Bienenzüchtern gefürchtete, aus Asien eingeschleppte Varroa-Milbe, die dort ursprünglich mit den kleinen asiatischen Bienen, den Apis Cerana, in Koexistenz lebte, also den Bienenstand nicht gefährdete. Bei den nach 1900 großgezüchteten europäischen Bienen vermehrte sich die Milbe, ein Blutsauger, die an den Bienen und an den Bienenlarven saugt und dadurch viele Krankheiten in die Bienenvölker bringt, so exponentiell, dass unzählige Bienenvölker starben und immer noch sterben.

Erich Graf, der selbst mit zwei ihm zugeflogenen Bienenvölkern begonnen hat und nun mehr als zwanzig gesunde, starke Völker betreut, hatte sich zum Ziel gesetzt, für seine Bienen die Voraussetzungen zu schaffen, dass sie fähig sind, in Koexistenz mit der Varroa-Milbe zu leben. Er nennt es: das Prinzip des Ausgleichens, des Integrierens. Es wird also nicht eine Krankheit, ein Parasit bekämpft, sondern die Biene wird gestärkt, sodass sie sich selbst helfen kann. Das geschieht dadurch, dass man ihnen den Honig lässt, die natürliche Zellgröße bewahrt und durch totalen Verzicht auf jegliche Behandlung.

Die gestärkten Bienen hier haben die Milbe erfolgreich so im Griff, dass sich zwar einige Exemplare in einer Wabenecke halten, sich aber nicht vermehren können. Die Bienen verhindern das durch gründliches Putzen mit ihrem selbst produzierten Heilmittel Propolis, dem aus den Blütenknospen gewonnenen Kittharz, dem Wachs, Pollen und Bienensekrete hinzugefügt werden und das mit seinen mehr als dreihundert verschiedenen Komponenten ein breites antibakterielles

Bienen sind wichtige Compañeros …

und heilwirksames Mittel ist. Es wird von den Bienen als klebrige Bausubstanz und zur Sterilisierung des Baus verwendet.

Die in der Imkerei üblichen Behandlungsmethoden, um die Milbe mithilfe von Säuren, Ölen und Insektiziden auszurotten, kann hier also völlig weglassen werden. Diese würden den Bienenorganismus nur schwächen, denn in ihm leben ja neben den Bienen, den Drohnen und der Königin, unzählige Kleinstlebewesen, die Mikrofauna des Bienenvolks, die wesentlich zur Gesundheit im Bienenstock beiträgt. Erichs siebenjährige Bienenzuchterfahrung hat deutlich gezeigt: Wenn man die Bienen nicht mit Giften behandelt, kommt die ganze Mikrofauna zurück, die die Bienen unterstützt, und alle Krankheiten verschwinden.

Insektizide schädigen Bienen übrigens nachhaltig. Die Biene wird abhängig von diesen Giften, sie fliegt aus und sucht geradezu nach gespritzten Blüten. Gesunde Bienen vermeiden, so es irgendwie möglich ist, mit Insektiziden behandelte Bäume und Blüten, sie suchen gezielt nach natürlichen, nach gesunden Pflanzen.

Darum ist es so wichtig, für ein gesundes Ökosystem zu sorgen, damit die Bienen dieses nährende und vielfältige Umfeld vorfinden.

... nicht in erster Linie Honiglieferanten

Auch durch gesunden Boden werden die Bienen unterstützt. Ein natürlicher Feind der Varroa-Milbe, der Pseudo-Skorpion, der zu den Spinnentieren gehört und mit den Skorpionen nicht näher verwandt ist, lebt in Humuserde, im Blättermulch und auch in loser Baumrinde; er ist etwas größer als die Milbe und frisst sie. Der Pseudo-Skorpion geht in die Bienenstöcke und sucht dort nach den Varroa-Milben und sorgt ebenfalls dafür, dass deren Zahl gering gehalten wird. Dieser Skorpion konnte sich in der Humusschicht, die hier bei den Grafs über die Jahre aufgebaut wurde und jedes Jahr um einen Zentimeter zunimmt, ansiedeln und bietet den Bienen zusätzlich auf natürliche Weise Unterstützung.

*»Kooperation, nicht Wettbewerb, ist die Grundlage
für zukünftiges Überleben bestehender Lebenssysteme.«
Bill Mollison*

Für die Grafs ist es selbstverständlich, dass nur ein sehr geringer Anteil des kostbaren Honigs zum Verzehr entnommen wird und auch nur dann, wenn die Bienenvölker kräftig genug sind und tatsächlich Honigüberschuss produziert haben. Dieses besondere und intensiv schmeckende Bienenprodukt wird als Medizin und nicht als alltägliches Nahrungsmittel angesehen. Und dieser Honig wird nicht verkauft, sondern höchstens in kleinen Einheiten als besondere Gabe verschenkt. Erich erklärt uns, die meisten Produkte auf Matricultura seien so kostbar, dass man sie gar nicht bezahlen könne. Sie werden bloß für den eigenen Bedarf geerntet, nicht für den Verkauf produziert. Gibt es tatsächlich einen großen Überschuss an Früchten, werden sie an Nachbarn und Freunde verschenkt oder auch an den Bioladen im Dorf.

Die permakulturelle Art zu wirtschaften entspricht dem Entschleunigungsmodell, das die Erde dringend braucht. Hier steht weder das Geld noch der Mensch im Mittelpunkt. Im Mittelpunkt einer permanenten Kultur steht die Verantwortung.

Barbara und Erich Graf

Ein weiteres Prinzip aus der Permakultur – »Finde kleine, langsame, dezentrale Lösungen« – hat die Grafs, da sie es ebenso konsequent angewendet haben, nicht nur viele Schwierigkeiten überwinden lassen. Sie und ihr so genannter »Matricultura-Clan« sind inzwischen in fast allen Lebensbereichen, ausgenommen ist die Wasserversorgung, völlig autark!

»Vom Konsum zur Produktion das ist die größte Veränderung, die wir in Gang bringen müssen, auch im Kleinen, in unseren Gärten.«
Bill Mollison

»Wir bringen uns aktiv in den Produktionsprozess ein, wir rufen wieder ins Leben, was beinahe zerstört war. Wir klären unsere Abwässer und produzieren sämtliche Nährstoffe für den Aufbau des Waldbodens, für Tier und Mensch vor Ort. Unser Wald-Wildnisgarten erzeugt Sauerstoff und beginnt bereits nach zehn Jahren der intensiven Wiederaufforstung den regionalen Feuchtigkeitshaushalt der Luft positiv zu beeinflussen«, sagt Barbara Graf und erzählt, dass sie zu Beginn mehr als sechshundert Bäume gepflanzt und damit der allgegenwärtigen Bodenerosion entgegengewirkt haben. In ihrem

Durch geschickt angelegte Teiche kommt das Leben zurück

Sie dienen als Wasserreservoir für Fauna und Flora ringsum

Wald-Wildnisgarten produzieren sie vielerlei Pflanzensamen und experimentieren immer wieder mit etwas Neuem. Bei unserem Besuch zum Beispiel mit »schwimmendem Salat«. Sie müssen auch keine Samen zukaufen, Pflanzen und Bäume werden selbst gezogen und mit Nachbarn ausgetauscht.

Inzwischen konnte sich die Familie auch vom Stromlieferanten abmelden – ein großer Schritt in Richtung Unabhängigkeit! Die Photovoltaikanlage auf dem Dach erzeugt den Strom für den anfallenden Energiebedarf. Ja, sogar das Elektroauto wird mit dem aus den hauseigenen Solarzellen produzierten Strom aufgeladen. Es gilt die Devise: »Brauche nur so viel Energie, wie du selbst erneuerbar herstellen kannst.«

Gekocht wird mit Solarkochern und mit aus Küchenabfällen selbst hergestelltem Biogas. Zu unserer Überraschung fanden wir hier bei den Grafs auf La Palma einen ganz ähnlichen Parabolspiegel in Verwendung, wie wir ihn zwei Monate zuvor im Barefoot College in Tilonia/Rajasthan in Indien gefilmt hatten.

Barbara Graf verwendet außerdem die vielfach bewährte Solar-Kochkiste, die im Prinzip wie ein Gewächshaus funktioniert. Es ist keine permanente direkte Sonneneinstrahlung erforderlich, da die Wärme im Inneren gespeichert und konstant gehalten wird. Es ist für die Grafs völlig selbstverständlich, das Kochen auf das Wetter und die Tageszeit abzustimmen. Mittags, wenn die Sonneneinstrahlung am stärksten ist, wird gekocht, abends nach Sonnenuntergang gibt es kalte Küche. Selbst Tee zum Abendbrot wurde schon vorher in Thermoskannen abgefüllt, damit abends nicht unnötig Energie verschwendet wird. Für Permakulturisten bedeutet diese Lebensweise nicht Verzicht, es ist im Gegenteil ein Gewinn, wieder Teil eines natürlichen Kreislaufes zu sein.

Selbstverständlich wird auf der Finca auch das Warmwasser von der Sonne aufgeheizt. Wenn man mit warmen Wasser duschen will, macht man das am besten tagsüber, wenn die Sonne am kräftigsten scheint, nicht morgens, wenn das Wasser noch kühl ist.

Die Grafs kochen fast ausschließlich mit der Sonne

Küche mit Aussicht

Wasser ist auf La Palma eine knappe und deshalb besonders wertvolle Resource. Dabei war La Palma, die »isla verde«, die grünste aller kanarischen Inseln, ursprünglich reichlich mit Wasser aus den hohen Bergen versorgt, da die Passatwolken vom Atlantik an den Berghängen abregnen und zudem ausgedehnte Kiefernwälder mit ihren langen Nadeln durch Nebelkondensation eine große Wassermenge einfangen.

Die großflächige Abholzung der Wälder, vor allem während der Franco-Diktatur zur Papiergewinnung, die Grundwassernutzung für unzählige Monokulturen, speziell für Bananenplantagen, und auch der sorglose Wasserverbrauch für den boomenden Tourismus hat die natürlichen Wasserläufe nicht nur reduziert, sondern fast zum Versiegen gebracht. Darum hat man tiefe Stollen, sogenannte Galerien, in den Fels geschlagen, um das Grundwasser zur Wasserversorgung anzuzapfen. So ist der Grundwasserspiegel auf der benachbarten Insel Teneriffa in den letzten sechzig Jahren um rund achthundert Meter gesunken, auf La Palma schätzt man den Senkungsgrad auf die Hälfte, also auf etwa vierhundert Meter.

> *»Natürliche Landwirtschaft ist sanft und leicht*
> *und weist auf eine Rückkehr zum Ursprung.*
> *Ein einziger Schritt vom Ursprung weg führt nur in die Irre.«*
> *Masanobu Fukuoka*

Die Wasserversorgung ist auf der Graf'schen Matricultura die größte Herausforderung, auch wenn es sehr sorgsam gesammelt und alles anfallende Grauwasser wieder aufbereitet wird. Mit dem Grauwasser kann die Familie die Pflanzen auf 2500 Quadratmetern gießen. Da aber auf dem Grundstück keine eigene Quelle sprudelt, ist man zum Teil auf Wasserzufuhr von außen angewiesen. Auch wenn die Grafs gleich am Anfang mehrere Teiche angelegt haben, zum Teil große betonierte Becken, zum Teil einfache Tümpel, in denen Wasser aufgefangen wird und durch die die umliegende Vegetation das ganze Jahr über mit der notwendigen Feuchtigkeit über das Wurzelwerk versorgt werden kann. Durch die zunehmende Vegetation wird immer mehr

Wildnisgarten

Feuchtigkeit im Boden und Wurzelwerk gespeichert, und die Pflanzen benötigen nur in den ersten ein, zwei Jahren Gießwasser, später sorgt der hochbiodiverse Wildnisgarten für sich selbst.

Wir orientieren uns an hochkomplexen Ökosystemen, wie es die Mischwälder, die Regenwälder und die Ozeane sind. Solche Ökosysteme sind über Jahrmillionen stabil. Sie produzieren alle Nährstoffe selbst, speichern Wasser, gleichen Feuchtigkeit aus und versorgen alle Lebewesen, die in und mit ihnen leben. Alle sind fähig, sich selbst zu vermehren. Alles in der Natur folgt dem lebenszentrierten Kreislauf: Geburt, wachsen, werden, vergehen, transformieren und wiedergeboren werden. In einem permanenten System ist jede Lebensform eingebettet und nimmt seine spezifische Aufgabe wahr. Bei Ungleichgewicht sucht das System selbst nach einem Ausgleich, es ist ein dynamisches Gleichgewicht. Die Wälder sind Vorbild für Kooperation. Weil die Wälder Vorbild für die permanente Kultur sind, erkennen wir Permakulturprojekte immer an ihren fast flächendeckenden Wald-Wildnisgärten, auch essbare Landschaften genannt. Üppige variantenreiche Vegetation ist schlussendlich dafür verantwortlich, dass kontinuierlich Humus aufgebaut, Sauerstoff pro-

Barbara setzt frische Pflänzchen aus

duziert, Feuchtigkeit gespeichert und Kohlenstoff eingelagert wird. Der Waldgarten ist also der Garant dafür, dass der Erde Sorge getragen wird.

Barbara Graf

In der Permakultur werden drei wichtige Grundprinzipien gelebt:
  Zum einen der achtsame Umgang mit der Erde (earthcare),
  dann der achtsame Umgang mit den Menschen (peoplecare)
  sowie Selbstbegrenzung und Überschussverteilung (Limits to consumption and growth, redistribution of surpluses).
  Es sind Werte, die sicher viele Menschen teilen, auch wenn nur wenige bereit sind, sie im eigenen Leben so radikal umzusetzen.
  Diese kleine Familie in La Palma, hat sich für ein Leben nach diesen Prinzipien entschieden und konsequent einem System, das auf Kosten von zukünftigen Generationen lebt, den Rücken gekehrt. Barbara und Erich Graf sehen sich weder als Aussteiger, noch sind sie Bauern im herkömmlichen Sinn. Sie bearbeiten und beleben das ihnen anvertraute Land und betreiben zudem viel Forschungsarbeit durch Beobachten, Experimentieren und Dokumentieren. Ihre kontinuierliche Arbeit in kleinen Schritten ermöglicht es ihnen, die täglichen Pflichten

Ernten, nicht produzieren, darum geht es

im Garten und mit den Tieren überschaubar zu halten, sodass viel Zeit für ihre vielfältigen Forschungen und Austausch mit Gleichgesinnten aus aller Welt, für die Weitergabe von erfahrenem Wissen und natürlich für Spiel und Gemeinsamkeit mit ihren Kindern bleibt.

Erich erklärt uns, er versuche, die tägliche Routinearbeit in rund zwei Stunden erledigen zu können. Ähnliches vertrat Masanobu Fukuoka (1913–2008) aus Japan mit der von ihm geprägten »Nichts-Tun-Landwirtschaft«, was aber nicht – wie oft fälschlich verstanden – bedeutet, dass gar nichts zu erledigen wäre, nein, es geht nur darum, die Eingriffe so gering wie möglich zu halten und alles Überflüssige zu unterlassen. Seiner Meinung nach ist die Natur in der Lage, sich selbst zu erhalten, und bedarf menschlicher Eingriffe nicht.

Ist das natürliche Gleichgewicht durch Monokulturen und Bodenerosion bereits gestört, sind sehr wohl gezielte Maßnahmen erforderlich, um wieder ein stabiles Ökosystem mit dynamischem Gleichgewicht herzustellen. Für die Familie Graf ist das eine höchst vergnügliche Verantwortung, der sie mit großer Hingabe und Leidenschaft nachgeht.

Mist ist ein schönes Geschenk

Erich bestätigt dies, während wir ihm wie so oft durch das Gelände folgen, wo er unterwegs ist, um da und dort an Bäumen und Sträuchern Ziegenfutter zu schneiden: »Das ist unser Ansatz, wieder in die Eigenmacht zu kommen. Weil die anderen in den Großkonzernen, die sagen doch auch, sie arbeiten vernünftig, das ist alles logisch, aber es ist eben geldorientiert und wir arbeiten lebenszentriert. Das ist der Unterschied.« Da das Leben im Zentrum steht, stellt Erich auch voller Genugtuung fest, dass er sich durch diese Arbeit bedeutend gesünder und frischer fühlt, als noch vor zehn Jahren, obwohl er ja nun um eben diese zehn Jahre älter geworden ist.

Barbara Graf hat in ihre Forschungen zur Permakultur auch die verwandten Werte von matriarchalen Kulturen übernommen: Beide Forschungs- und Arbeitsgebiete stellen das Lebensfördernde ins Zentrum, das verbindet sie.

Nähren, integrieren, das Schwache schützen, das Lebendige fördern und pflegen, ausgleichen. Diese Werte zu befolgen, schafft eine Basis des fried- und freudvollen Miteinanders jeder Gemeinschaft, und die Grafs leben das, das spürt man, das sieht man.

Sie haben ein verwüstetes Stück Land wieder zum Blühen gebracht und ein kleines Paradies geschaffen. Nicht nur für sich, auch für andere.

Barbara berichtet, dass sie in den ersten Jahren auf der Finca noch über das Internet weiterhin ihren ursprünglichen Berufen nachgegangen seien, sie selbst als Architektin und Planerin, Erich als IT-Experte. Nach einigen Jahren konnten sie zum einen die Lebenshaltungskosten auf ein Minimum reduzieren, da sie ja immer weniger zukaufen mussten, und zum anderen hat sich aus nah und fern so großes Interesse an ihrer Arbeit entwickelt, dass das gesamte Einkommen durch Permakultur-Kurse sowie durch regelmäßige Führungen auf ihrer Finca erwirtschaftet werden kann.

Unser Projekt verstehen wir nicht als neuartiges Geschäftsmodell, wo es wieder darum geht, schnell irgendwie Geld zu verdienen – das ist gar nicht möglich, wenn man das gute Leben ins Zentrum stellt. Und wir sind auch nicht technologiefeindlich, gar nicht, wir sagen nur, wir sollten fähig sein, die essentiellen Dinge des Lebens von Hand zu machen. Denn das gibt uns die größtmögliche Unabhängigkeit und die größtmögliche Sicherheit. Darum kein Projekt, das lebenszentriert sein soll, mit Krediten aufbauen Dann hängst du schon in diesem System und hast Druck, dass du produzieren musst, verkaufen musst. Wir brauchen am Anfang drei, vier Jahre, wo wir in Ruhe ein lebenszentriertes Ökosystem aufbauen. Dann kann man es nicht mehr stoppen. Es soll ein sehr komfortables Leben sein. Das ist ja genau das, was wir versuchen zu zeigen. Ich glaube, es gibt wenig Leute, die so eine hohe Qualität leben wie wir hier. Und trotzdem verbrauchen wir zehn Mal weniger Energie als ein durchschnittlicher Westeuropäer.

Den Grafs war durchaus bewusst, dass sie eine große Herausforderung annehmen, aber auch, dass es möglich ist, diese zu meistern:

Wir wollten unseren Kindern ein Umfeld bieten, in dem sie alle Prozesse des Lebens im Alltag erfahren können, und sie lernen, dass es auf jede Frage nicht nur eine, sondern viele mögliche Antworten gibt. Wir wollten, dass unsere Kinder sehen, was wir als Eltern tun, wie wir unseren eigenen Forschungsplatz schaffen, wie wir mit Herausforderungen umgehen und ge-

»Wir brauchen zwanzig Mal weniger Energie als der durchschnittliche Westeuropäer«, sagt Erich.

meinsam nach möglichen Lösungsansätzen suchen. Unsere Kinder sollen, wenn sie Autarca Matricultura einmal verlassen und in die Welt hinaus gehen, wissen, was man fürs Leben braucht. Zum Beispiel wie man einander zuhört, wie man mit Bienen umgeht, wie ein Kompostklo gebaut wird und dass man einen Pulli mit einem Loch nicht gleich wegwirft. Sie werden erfahren haben, dass es eine Gegenwart gibt, für die es sich einzustehen lohnt. Sie werden mit Freude überall in der Welt Teiche anlegen, Bäume pflanzen, mit Tieren liebevoll umgehen, das Schwache schützen und das Lebendige pflegen. Sie werden hoffentlich niemals zinsbelastete Schulden machen.

Erich ermuntert potenzielle Nachahmer in den wöchentlich angebotenen Führungen auf dem Grundstück und auch in den Permakultur-Kursen, die er mit Barbara zusammen abhält, während alle wichtigen Stationen des Projektes vorgeführt werden:

Ich glaube, es gibt keinen Grund, Angst zu haben, so ein Projekt aufzubauen, wir können ja nur gewinnen. Immer wieder sagen mir Leute, ja, ich würde gerne, aber ich habe Angst. Aber ich habe inzwischen das Gefühl, im alten System oder in ausgetretenen Pfaden weiterzumachen, ist ein größeres Risiko, als etwas Neues zu wagen. Das spüren ganz viele Menschen.

Drehpausen auf La Palma

Wir machen einen Ausflug ans Meer, und natürlich nehmen wir eine kleine Kamera und ein simples Tonaufnahmegerät mit. In La Palma, wo die Grafs im Westen der Insel auf rund achthundert Meter über dem Meer leben, bedeutet das, hinunter zum Meer zu fahren und dann noch ein gutes Stück über steile Treppen rund dreißig Minuten zu wandern, bevor wir in Puntagorda direkt Zugang zum Atlantik bekommen, wo es brodelt und zischt, wenn die Wucht der Brandung an den senkrecht aufragenden Felswänden verpufft. Ein feiner Salzwasser-Sprühregen liegt in der Luft, der für fotografische und elektronische Geräte tödlich sein kann, wenn man nicht wirklich aufpasst und Kameras und Optiken penibel abdeckt und nach dem Dreh gründlich mit einem in Süßwasser getränkten Tuch reinigt.

Aber vorerst freuen wir uns wie Kinder über das tobende Meer und das gleißende Licht der Sonne jetzt mitten am Nachmittag im Mai, zudem auch heute mein Geburtstag ist.

Erich Graf hat sich eine Badehose mitgenommen und legt sich in eine Art Wanne, die das Wasser in Tausenden Jahren aus dem schwarzen Fels gewaschen hat, oder ist sie ganz anders entstanden, als aufsteigende Schildvulkane vor rund 1,7 Millionen Jahren die Meeresoberfläche erreichten und La Isla de San Miguel de La Palma, kurz La Palma, die jüngste der kanarischen Inseln entstehen ließen. Auf jeden Fall wurde etwas geboren, von dem die Seefahrer später behaupteten, man rieche die Insel, bevor man sie noch sehen konnte.

Ferienstimmung kommt auf und mein Assistent Aljoscha und ich verfallen in eine Art Drehrausch, drehen Einstellung um Einstellung, wagen uns an immer exponiertere Stellen, wechseln wortlos gemeinsam die Linsen nach einem antrainierten Ritual, um die Geräte vor dem salzhaltigem Spritzwasser zu schützen. Wir spüren, dass es uns Freude macht, wozu diese Aufnahmen einmal gut sein werden, wissen wir jetzt noch nicht. Es vergeht eine gute Stunde oder gar zwei. Das ist es, was ich am Filmemachen mag, das Nützliche mit dem Angenehmen zu verbinden. Ganz ungezwungen sam-

Ausflug an den Atlantik nach Puntagorda

melt man Einstellung um Einstellung, nichts wirklich Besonderes, man versiegelt die Zeit, wie es Andrej Tarkowskij bezeichnete. Was zuerst für einen selbst bestimmt ist, wird später an andere weiter gereicht.

Am Ende werden diese Bilder in der Eingangssequenz des Films ihren Platz finden, im so genannten Prolog. Es war immer unser Bestreben, die ganze Geschichte eines Filmes in den ersten Minuten zu erzählen. Bis der Titel kommt, soll in Kurzform das angerissen werden, worum sich später die ganze Erzählung dreht.

Von »*consciousness and evolving*« spricht Kenny Werner am Beginn, bevor er mit der ersten, frei improvisierten Nummer loslegt, also von Bewusstsein und Entfalten oder Entwickeln des einzelnen Menschen und des restlichen Planeten. Dann kommen die Bilder vom Meer, aufgenommen in einer Drehpause an meinem Geburtstag.

Zwei Tage zuvor unternahmen wir einen lange geplanten Ausflug hinauf zur höchsten Stelle der Insel, an den Rand des Vulkans, den großen Krater des Nationalparks Caldera de Taburiente in etwa 2500

Hier entstehen die Bilder für den Prolog des Films

Metern über dem Meeresspiegel. Wir hatten den Zeitpunkt exakt gewählt, Neumond vom 25. auf den 26. Mai 2017. Die Idee war, einen klaren Sternenhimmel zu haben und eben kein Mondlicht, denn wir wollten die Bewegung der Milchstraße filmen.

Filmen ist eigentlich der falsche Begriff. Es handelt sich um eine Serie von genau berechneten Fotografien, die dann hintereinander ablaufend ein Laufbild und so Bewegung simulieren. Darum heißt es ja Kinematografie. Wir hatten uns sachkundig gemacht und uns für eine Belichtungszeit von fünfzehn Sekunden entschieden, weitere drei Sekunden braucht der Fotoapparat zum Abspeichern der einzelnen Bilder. Also alle achtzehn Sekunden ein Bild von insgesamt tausend Bildern, ergibt ziemlich genau fünf Stunden Aufnahmezeit und rund vierzig Sekunden Filmlänge, das war die Idee.

Es wurde gegen 23 Uhr finster, und wir hatten die Himmelsrichtung theoretisch vorgegeben, von wo die Milchstraße »aufgehen« wird. Es muss hier erwähnt werden, dass wir nie zuvor solche Aufnahmen gemacht haben, also als wirkliche Anfänger da oben am bedeutendsten Punkt der europäischen Sternforschung – am Roque de los Muchachos, dem Turm der Jünglinge – standen, ausgestattet mit einem Sta-

Caldera de Taburiente

tiv, einem Fotoapparat mit entsprechender Weitwinkel-Optik und mit großem Optimismus.

Eine Bildsequenz, wie ich sie im Kopf hatte, wird normalerweise von wirklichen Spezialisten hergestellt, die vor allem auf große Erfahrungswerte diesbezüglich zurückgreifen können.

Wie auch immer, als es ganz finster geworden war, sahen wir zwar einzelne Sterne und mit der Zeit wurde dieser Sternenhimmel auch durchaus attraktiv, aber von der Michstraße fehlte jede Spur. Wir entschlossen uns, einen einstündigen Test zu »drehen«, dann sollten wir rund acht Sekunden Laufbild haben und könnten entscheiden, wie wir weitermachen. Gesagt, getan, wir richteten die Kamera in die uns vorgegebene Richtung, und es ging los. In der Zwischenzeit wurde es kalt, wir holten die Schlafsäcke aus dem Auto und legten uns abwartend neben die Kamera auf den Boden, was unbequemer war, als erwartet.

Die Stunde verging, und was wir aufgenommen hatten, war im ersten Moment enttäuschend. Zwar bewegte sich der Sternenhimmel, aber von der Milchstraße war kaum etwas zu sehen, erst gegen Ende

Milchstraße aufgenommen nahe Roque de los Muchachos im Mai 2017

der acht Sekunden tauchte etwas am Bildrand auf, das eventuell die Milchstraße sein konnte.

Guter Rat war jetzt wertvoll, die Uhr zeigte halb eins und in fünfeinhalb Stunden würde die Sonne wieder aufgehen. Wir wechselten den Standort ganz an den Rand des Kraters. Dort gab es links unten als Anhaltspunkt einen in den Himmel ragenden Felsen, den wir ins Bild rückten. Dahinter war ein leichter Lichtschein von der Hauptstadt Santa Cruz de la Palma zu erkennen. Hop oder Drop, der Ausschnitt gefiel uns, der Akku hatte genug Kapazität, um die Nacht durchzuhalten, das Stativ wurde auf die geringste Höhe gestellt und mit einem schweren Stein fixiert, dann wurde ausgelöst.

Bald wurde es Aljoscha zu kalt und zu ungemütlich, und er zog sich ins Auto zurück, ich wich nicht von der Kamera. Irgendwann konnte ich so am Boden liegend die Michstraße auch mit bloßem Auge erkennen, aber ganz anders, als dies die Kamera mit ihrer Langzeit-Belichtung abzubilden vermag.

Sicherlich bin ich auch eingeschlafen, immer wieder bin ich aber aufgestanden, um die müden Glieder zu bewegen, die vom harten abschüssigen Boden ganz steif geworden sind.

Ich kontrollierte die Kamera und war jedes Mal erleichtert, wenn eine kleine rote Leuchtdiode aufleuchtete und damit das Speichern eines Bildes signalisierte.

Gegen fünf Uhr kam Aljoscha vom Auto zu mir herüber, er hatte sich den Wecker gestellt und bald sollten die tausend Aufnahmen durch sein, mehr schafft die Software nicht. Noch gut fünfzig Bilder oder eine Viertelstunde, wir waren jetzt beide sehr gespannt, ob der Apparat auch genau das machte, was wir programmiert haben.

Als die letzte Aufnahme abgespeichert ist, nehmen wir ehrfürchtig die Kamera vom Stativ, Aljoscha öffnet das Menü und sucht das »Movie«, welches die Filmaufnahme simulieren soll, es ist nur ein so genannter Layout-Film auf der Speicherkarte, der endgültige Film muss dann im Studio nachgebaut werden. Es ist noch finster genug, und wir brauchen das Display daher nicht mit schwarzem Tuch vor dem Umgebungslicht schützen.

Wir trauen unseren Augen nicht. Was abläuft ist weit mehr, als wir erträumt haben. Die Milchstraße ist genau im richtigen Moment ins Bild gekommen, simuliert eine Bewegung (in Wirklichkeit bewegt sich ja die Erdkugel) und verschwindet aus dem Bild, exakt in dem Moment, in dem die tausend Bilder durch sind. Wir können es nicht glauben, ich bitte Aljoscha um eine zweite Vorführung.

Wir sind richtig glücklich und voller Freude, packen unser kleines Equipment zusammen, steigen ins Auto und haben nur einen Wunsch: so schnell wie möglich hinunter vom Berg, nach Hause zu den Grafs, wir müssen den anderen zeigen, was uns gelungen ist. Beautiful, einfach beautiful, sagen sie. Das war die Idee, am Ende des Filmes in den Nachthimmel zu blicken und sich zu denken: Warum um Gottes willen ruinieren wir diesen schönen Planeten?!

ZWISCHENTÖNE 4

Vorurteile

Die Grafs, so hat es sich schon nach den ersten Rohschnittvorführungen gezeigt, rufen bei den Menschen, die den Film anschauen, die meisten kritischen Reaktionen hervor. Warum?

Barbara und Erich sollten von Anfang an jenes Beispiel für eine positive Veränderung verkörpern, die jeder von uns sofort selbst angehen kann. Dazu braucht man nicht nach La Palma auszuwandern, denn die Permakultur, wie sie die Grafs leben, ist ja eine Lebenshaltung, die in jedem Bereich angewendet werden kann. Es geht ja einfach darum, das Leben ins Zentrum des Alltags zu stellen und nicht irgend etwas anderes. Oder eben, wenn man schon etwas anderes ins Zentrum seines Lebens stellt, die Arbeit zum Beispiel, dann sollte wenigstens die Arbeit lebenszentriert ausgerichtet sein. Und wenn man diesen Gedanken konsequent weiterverfolgt, dann stößt man sofort auf unüberbrückbare Gegensätze, denen man am liebsten ausweichen möchte. Ein guter Lehrer zum Beispiel weiß natürlich ganz genau, wie er oder sie am besten mit Kindern umzugehen hat, aber dem steht dann ein Lehrplan gegenüber, der durchgepeitscht werden muss. Oder jemand, der in einer Bank oder einer Versicherungsgesellschaft arbeitet, weiß genau, dass das, was er oder sie da verkauft, meist am Rande des Betrugs dahinschrammt, aber dennoch die Vorgaben erfüllen muss.

Daher sind es die Grafs, die den sogenannten normalen Bürgern am meisten von allen Protagonisten, die im Film vorkommen, den Spiegel vorhalten, und daher rühren, so glaube ich, diese Ressentiments. Und die übliche Reaktion ist dann, das Problem im Außen zu suchen, sprich in diesem Fall bei den Grafs. Was da alles an Reaktionen kam, das ist schon haarsträubend. Ja, die sind Schweizer, die können sich das leisten, oder die haben reich geerbt oder, so ein Schweizer Filmverleiher, der den Film nicht für uns heraus bringen wird: »Na, die produzieren ja so tolle Produkte, da kann man dann sehr gut davon leben«.

All diese Reaktionen zeigen sehr schön, wie wir unsere eigenen Ängste auf andere projizieren, eben auf all jene Menschen, die versuchen, abseits des Mainstreams ein gutes Leben zu führen.

Nach La Palma sind wir zweimal gereist, eben genau aus diesem Grund, weil wir wussten, dass gerade dieses Beispiel sehr heikel ist und unbedingt wasserdicht in den Film eingewoben werden muss, wenn es funktionieren soll. Und gut war es, dass wir zweimal dort waren, einerseits, weil wir die Familie schon besser kannten, und andererseits, weil sie zwischen dem ersten und dem zweiten Dreh dieses neu dazugekommene Ödland begonnen haben wiederzubeleben. Das hat dem Film sehr gut getan, ganz praktisch zu zeigen, was zwei Menschen bzw. eine kleine Familie umsetzen können.

Dann gab es noch kritische Stimmen, die meinten, wenn man auf diese Weise Landbau betreibe, könne man ja nicht die Welt davon ernähren. Abgesehen davon, dass es bei den Grafs darum geht, ein von der industriellen Landwirtschaft kaputt gemachtes Stück Land wiederzubeleben, könnte eben genau auf diese Art und Weise mehr als das Doppelte der Weltbevölkerung ernährt werden, und zwar zukunftsfähig und permanent, dazu gibt es viele Studien.

Das erinnert mich an die Geschichte, die wir 2012 noch während der Dreharbeiten zu *Alphabet* erlebten. Wir waren damals im Sommer mit den halbwüchsigen SchülerInnen einer Berliner Schule in der Uckermark, wo sich die jungen Leute drei Wochen lang mit ganz wenig Geld und nur mit dem Fahrrad unterwegs durchbringen mussten. »Herausforderung« hieß dieses Projekt, das die Schulleiterin Margret Rasfeld an ihrer Schule in Berlin Mitte als Schulfach eingeführt hatte. Diese Projekt filmisch begleitend kamen wir eines nachmittags

Erwin Wagenhofer, Erich, Marian, Barbara und Julian Graf, Felix Rauchwarter/Ton,
Aljoscha Wuzella/Kameraassistent am Fotografieren

an eine Waldlichtung, wo mitten im Wald ein circa ein Hektar großes Stück Land mit zwei, drei Häusern lag und wo wir einem Bauern begegnet sind, der dieses Stück Land mit einem einzigen Pferd
bewirtschaftet hat. Die Begegnung mit diesem Mann war wirklich
eindrücklich. Er war kein Bauer, wie man sich das so stereotyp vor-
stellt, sondern ein unglaublich belesener und gebildeter Mensch, der
auf diesem kleinen Flecken Erde und mit einem Pferd namens Hans
Grundnahrungsmittel für fünfzehn Menschen produzierte und zwar
durch und durch organisch. Kunstdünger oder irgendwelche Schäd-
lingsbekämpfungsmittel kannte er gar nicht. Und dieses Stück Land
und diese Begegnung hat in uns auch etwas angestoßen, das schließlich zu *But Beautiful* geführt hat.

Er hatte auch Bienen, für die er großzügige üppige Blumenwiesen
zur Verfügung stellte auf seinem Land, und als wir dann nach Stunden wieder gegangen sind, wollte ich ihm ein Glas Honig abkaufen.
Da hat er dann ein wenig herumgedruckst und gesagt, er müsse aber
doppelt soviel für den Honig verlangen wie im Supermarkt üblich.
Das hat er dann auch noch ausgeführt, denn er hat herausgefunden,
dass er den Bienen nur maximal die Hälfte des Honigs nehmen darf,

die andere Hälfte brauchen sie für sich selbst. Und ich müsse eben, wenn ich ihm Honig abkaufen wolle, eben diese andere Hälfte mitbezahlen. Für uns und auch für die Schüler war das ganz logisch, und eigentlich ist das leicht verständlich. Aber wenn die SchülerInnen später Betriebswirtschaft studiert sollten, würde man ihnen diese simple Logik austreiben und ihnen etwas von Marktgesetzen und von der unsichtbaren Hand beibringen. Und genau aus dieser Denke kommt dann die Kritik am Tun und Handeln der Grafs: Ah, bei denen stimmt etwas nicht. Nein, es ist eben genau umgekehrt.

Ich muss auch sagen, wir haben ja auch zweimal – jeweils rund zehn Tage – bei der Familie Graf gewohnt, also mit ihnen auf relativ engem Raum zusammengelebt. So etwas kann sehr anstrengend sein, vor allem auch nach einem harten Drehtag dann noch mit den Leuten sitzen und essen und plaudern ... Aber es gab während der ganzen Zeit keinen einzigen anstrengenden Moment, in dem irgendeine Art von Spannung aufgekommen wäre. Nicht nur, dass Barbara und Erich ausgezeichnete und sehr inspirierte Köche sind, sie sind beide unglaublich großzügige Gastgeber und versuchen eben auch in dieser Beziehung die Haltung der Permakultur zu leben.

»VOICE OF A WOMAN«

LUCIA PULIDO, EINE UNGLAUBLICHE STIMME AUS SÜDAMERIKA

2.11.2018: Nachts aufgewacht von magischen Gesängen, Trommeln und mystischem Glockenklang. Es sind zart bimmelnde Kirchenglocken, die in dieser Nacht zum ersten Mal seit dem schweren Erdbeben im vergangenen Jahr wieder – behutsam zwar – geschlagen werden, um die Seelen der Toten willkommen zu heißen. Die Kirchen und insbesondere deren Türme sind seit der schweren Erschütterung des Bebens akut einsturzgefährdet und das Glockenläuten bringt die instabilen Gemäuer von Neuem ins Schwingen. Darum verzichtet man darauf, nur jetzt läuten sie sanft in sehr langsamen Rhythmen, unentwegt bis ins Morgengrauen, sind doch in dieser magischen Nacht, so sagt man, die Türen zum Jenseits geöffnet, sodass die Seelen der Toten ihre Familien besuchen können. Diese streuen orange-gelbe Blüten von der Gasse bis zum geschmückten Hausaltar, der Ofrenda, um den Seelen den Weg nach Hause zu weisen.

Halbwach liege ich im Bett und frage mich, ob wir nicht alle sofort aufspringen und aktiv an dieser »Nacht der Toten« teilnehmen sollten, doch es fühlt sich an wie ein Traum, und ich bin gelähmt, kann nur stille Zeugin sein von diesen magischen Momenten, die nicht festgehalten werden wollen.

Wer singt? Wer trommelt? Und wo? Oder bilde ich mir all das nur ein?

Am nächsten Morgen ist alles wie immer, nichts scheint sich verändert zu haben. Die Glocken schweigen, Mütter bringen ihre Kinder zur Schule oder in den Kindergarten, es werden an vielen Ecken direkt in der Gasse Brote eingekauft, frische Säfte aus köstlichen Früchten gepresst, die unzähligen Hunde dösen am Straßenrand ...

Wir sind in Malinalco, rund hundert Kilometer südwestlich von Mexico City im Estado de Mexico, Region Ixtapan. Eine beschauliche, fröhliche Kleinstadt auf siebzehnhundert Meter Seehöhe, die aufgrund der Lage zwischen Bergen und nahe der tropischen Wälder eine unerwartete Vielfalt von Fauna und Flora bietet. Die Pflanzen quellen üppig aus jedem der zahlreichen schönen, herrschaftlichen Gärten und jedem noch so einfachen Hinterhof hervor. Ein Pueblo Magico. Dieses Prädikat wird tatsächlich an besonders attraktive Dörfer und Städte vergeben und bedeutet, dass die Gemeinde mehr Geld für Tourismusförderung erhält.

Malinalco war allerdings schon immer ein magischer Ort. Der Mythos reicht weit in die prähispanische Zeit zurück, als Malinalco, in Nahuatl, der Sprache der Einheimischen, »Malinalli« genannt, von vielerlei Gottheiten und Zauberern bevölkert war. »Malinalli« bedeutet soviel wie Gras oder Kräuter in Nahuatl, es ist zugleich auch der »Platz der Malinalxóchitl«, der Göttin, die diesen Ort der Sage nach begründete. Sie ist die Schwester von Huitzilopochtli, dem Kriegs- und Sonnengott in der aztekischen Mythologie. Malinalxochitl bedeutet »Blüte der Winde, die sich um sich selbst dreht«, man könnte auch sagen: Blumengirlande; sie war die Mondgöttin der Nahua und die Herrin der Schlangen, Skorpione und Wüstentiere.

Ende Oktober, am Ende der regenreichen Sommersaison, finden wir hier in Malinalco für uns überraschend einen zweiten Frühling vor, alles grünt und blüht. Im Garten Limetten-, Mandarinen-, Zitronen- und Orangenbäume, üppige Bananenstauden und unzählige uns unbekannte Gewächse. Die Umgebung von Malinalco gilt als die Gegend mit dem höchsten Artenreichtum in Mexiko. In welchem Paradies wir rein zufällig gelandet sind! Nichtsahnend reisten wir Lucia Pulido hinterher, die wir schon 2012 bei den oberösterreichischen Inntönen gehört und auch aufgenommen hatten. Damals hatte die aus Kolumbien stammende Musikerin in New York gelebt, mittlerweile ist sie nach Mexico übersiedelt. Und da wir den MusikerInnen im Film nicht nur auf der Bühne begegnen wollen, sondern auch in ihrem Lebensumfeld, sind wir nach Malinalco gereist.

Hier betreibt Lucia seit kurzem mit ihrem mexikanischen Lebens-
gefährten Rafael und ihrer Jugendfreundin Valentina, die das junge
Unternehmen auf die Beine gestellt hat, eine attraktive Bar namens
Palmezcal, die gleichzeitig ein Kulturzentrum ist, in dem regelmäßig
Konzerte veranstaltet werden und wo sie vor allem auch selbst auftritt.

Als wir ankommen, ist die Bar bis auf ihre Betreiber leer. Lucia und
Rafael stehen in der Küche und bereiten verschiedene Gerichte vor.
Valentina, eine Designerin, sorgt dafür, dass Gastraum und Garten
für das bevorstehende Konzert in wenigen Tagen auf Hochglanz gebracht werden.

Eigentlich war unsere Reise schon für den Mai fixiert gewesen, zwei
Tage vor unserer Abreise hatte Lucia aber ein so gravierendes Rücken-
problem ereilt, dass alles abgesagt und langfristig verschoben werden
musste. Dafür haben wir jetzt, ein halbes Jahr später, die Gelegenheit,
auch den »Dia de los muertos« hier in Mexico zu verbringen, dem wir
mit Spannung entgegensehen.

Obwohl es in unserem Skript schon vorgesehen gewesen war, gegen Ende des Films das Thema »Tod« aufzugreifen, war es nun eine
gänzlich neue, unerwartete Gelegenheit, die Feierlichkeiten rund um
den »Dia de los muertos« zusammen mit Lucia filmisch einzufangen.
Gleich am ersten Abend planen wir mit ihr und Rafael, der die Abläufe
der Festtage hier in Mexico am besten kennt, wie wir die Dreharbeiten gestalten können, um sowohl Lucias Musik als auch die vielfältigen Feierlichkeiten sowie deren aufwändigen Vorbereitungen aufzunehmen.

Wie so oft, wenn wir unterwegs sind, dienen die ersten Tage der
Drehreise dem Herantasten an die Menschen und auch an die Umgebung, wir nehmen verschiedene Sequenzen auf, was eher Aufwärm-
übungen gleicht, die aber nötig sind, um immer mehr Klarheit über
das Wesentliche, das wir hier wollen, zu erlangen.

Wir haben Lucia das erste Mal bereits 2012 bei den oberösterreichischen Inntönen erlebt, als wir mit *But Beautiful* noch nicht einmal
begonnen hatten, es war nur bereits klar gewesen, dass Musik eine

entscheidende Rolle im nächsten Film spielen würde. Paul Zauner, der Initiator der Inntöne, die jedes Jahr auf seinem Hof über die Bühne gehen, hatte uns eingeladen, und hier entstanden die ersten Aufnahmen von Lucia, die wir aber erst drei Jahre später, als wir das Drehmaterial nochmals durchsahen, als eine unserer Protagonistinnen entdeckten. Sie beeindruckte uns mit ihrer Einfachheit und Schlichtheit und ihrer immensen Ausdruckskraft in der Stimme, als sie mit dem Trio von Jordi Matas, Gitarre, Juan Pablo Balcazar, Bass, und Juan Berbin, Drums, auftrat.

Vier Jahre später, 2016, war Lucia abermals auf einer Europatournee nach Österreich gekommen, diesmal zum Festival »Glatt und Verkehrt« nach Krems an der Donau, wo sie lateinamerikanische Lieder in Begleitung des New Yorker Cellisten Erik Friedlander darbot. Wie das Festival Lucia im Begleittext ankündigt, trifft es auf den Punkt: »Pulido gelingt es, lateinamerikanischen Liedern durch außergewöhnliche Besetzungen neue und aufregende Facetten abzugewinnen. Dabei hilft ihr ihre phänomenale Stimme – die vokale Urkraft der bescheidenen und zierlichen Künstlerin überrascht immer wieder aufs Neue.«

Doch erst jetzt, weitere zwei Jahre später, lernen wir sie auch als Person näher kennen, als wir sie in ihrer Wahlheimat besuchen, und bekommen durch ihre Erzählungen bestätigt, was uns ganz intuitiv an ihrem Gesang angezogen hatte.

Lucia bezieht ihr Repertoire hauptsächlich aus ihrer kolumbianischen Heimat, hat sie doch von Kindheit an mit ihrem Vater und ihren Geschwistern gesungen und dieses Können auf höchstes Niveau gebracht. Ihr Anspruch ist es, die traditionelle Musik auf ganz eigene Weise weiterentwickeln und auf ihre persönliche Art interpretieren zu dürfen, will sie nicht Bewahrerin einer starren Tradition, sondern Interpretin von aktuellen, lebendigen Stücken sein.

Mein Name ist Lucia Pulido, ich bin eine Sängerin aus Kolumbien. Eine der eindringlichsten Erinnerungen, die ich an meine Kindheit habe, ist

verbunden mit Yopal, wo ich aufgewachsen bin, in den östlichen Llanos von Kolumbien ... wir hatten keinen Strom, kein Licht, mehrere Jahre lang. Für uns Kinder waren die aufregendsten Momente die Nächte, wenn Vollmond war, denn wir durften dann sehr viel länger draußen spielen, ausnahmsweise.

Später, als wir den Stromgenerator hatten, gab es Strom, zwei Stunden lang, von sechs bis acht Uhr abends. Diese Erinnerungen sind Stunden der Kindheit, die ich bewahre, wie wir um sechs den Motor des Generators anspringen hörten, taca-taca-taca, und plötzlich gingen im ganzen Ort die Lichter an, alles schrie auf: »Das Licht ist da!« Zwei Stunden Strom, und um acht mussten wieder die Benzinlampen angezündet werden.

Schon als Kind lernte sie die traditionellen Lieder der einfachen Bauern und Hirten kennen, als sie ihren Vater, der als Angestellter der Regierung in Sachen Landreform unterwegs gewesen war, zum Teil zu Pferd, zum Teil zu Fuß oder im Boot die Flüsse entlang fahrend, in die entlegensten Regionen begleitete. Später, mit elf Jahren, hörte sie Kassetten von Violeta Parra, der aus Chile stammenden großen Sängerin und Revolutionärin, und verspürte den Wunsch: So wie sie will ich singen!

Besonders die Live-Aufnahmen der Konzerte hatten sie beindruckt, wo deutlich spürbar war, wie Sängerin und Publikum in einen gemeinsamen Flow eingetaucht waren, ein großer Stimmungs- und musikalischer Rausch an Klängen und zugleich Euphorie für eine Bewegung!

Ich habe immer gesungen, seit ich ein Kind war. Es war das Einzige, was ich im Leben machen wollte. Ich habe gesungen, einfach weil gesungen wurde. Mein Vater kam heim, nahm die Gitarre und sang und wir, meine Geschwister und ich, sangen mit. Es waren immer Boleros, traditionelle Lieder, keine Kinderlieder. Ich habe gesungen, was er gesungen hat. Es war mein Traum, Musik zu machen. Das war das Einzige, was ich machen wollte, ich wollte singen. Ich konnte sprechen, aber noch nicht laufen, so war das einfach Teil meines Lebens.

Und ich habe meinem Vater immer in den Ohren gelegen, dass er mir das Gitarrespielen beibringt. Er wusste, dass ich die Musik liebte, wollte aber nicht, dass ich die Schule aufgab und nur noch Musik mache. Also sagte er Nein. Aber eines Tages bat ihn ein Freund, ihm Gitarrenstunden zu geben, und da war ich immer dabei. Sein Freund hat es nie gelernt, aber ich nahm mir, wenn mein Vater weg war, die Gitarre und übte die Sachen, die er seinem Freund gezeigt hatte. Eines Tages kam er unerwartet nach Hause und erwischte mich mit der Gitarre und na ja, er musste ein paar Sachen korrigieren, ein paar Sachen erklären, z.B. wie man bestimmte Harmonien spielt. So habe ich Gitarrespielen gelernt, das einzige Instrument, auf dem ich ein bisschen spielen kann.

Da in wenigen Tagen ein Konzert im Palmezcal angesetzt ist, finden kurz nach unserer Ankunft die ersten Proben mit den eben aus Mexico City eingetroffenen Musikern statt. Es ist die fünfköpfige Gruppe Carlos Marks, die gemeinsam mit Lucia im von ihr geführten Lokal, das auch als Kulturzentrum fungiert, auftreten wird. Lucia kennt bisher nur zwei der Bandmitglieder, doch in kürzester Zeit haben sich alle Musiker eingetunt, alle bringen offensichtlich eine unbändige Spiel- und Experimentierfreude mit, die uns Zuhörer sofort fasziniert. Lucia, eine kleine zarte Frau, ist ganz in ihrem Element als Musikerin

Lucia Pulido mit den Musikern von Carlos Marx im Palmezcal in Malinalco, Mexico, 2018

und gibt eindeutig den Ton an. So bescheiden und zurückhaltend sie sonst ist, so klar und bestimmt treibt sie nun die fünf Männer an, ihrem Rhythmus zu folgen. Mit simplen Instrumenten gibt sie das Tempo und die Nuancen der Stücke vor. Misha Marks, ursprünglich aus Neuseeland stammend, seit vielen Jahren in Mexico City ansässig, bringt sich nicht nur als Gitarrist ein, er spielt auch gekonnt und experimentell die Tuba dazu mit schrägen Passagen. Dann wieder die selbst gebastelte Gitarre, die mittels zweckentfremdeten Tonbandspulen wie ein Streichinstrument zum Klingen oder eher furchterregenden Raunen gebracht wird. Carlos Alegre spielt auf seiner Violine, ausgelassen, eigenwillig und jeweils an Lucias Gesang orientiert, den er in manchen Passagen auch als zweite Stimme begleitet. Überhaupt mutet die Band an wie eine schräge Mischung aus Balkan-Gypsy-Freejazz und südamerikanischer Folklore, sehr einnehmend und mitreißend, ein Freudenrausch an wilden, schnellen Rhythmen und Klängen, die Altbekanntes auf völlig neue Art interpretieren und Lucias Gesang perfekt unterstreichen!

Diese temperamentvolle Formation bringt euphorische Spielfreude zum Ausdruck. Selbst wenn »bloß« wild durcheinander spielend geprobt wird, entsteht ein gemeinsamer Groove, mal melancholisch,

mal heiter und ausgelassen, je nachdem, welche Harmonien ange-
schlagen werden ... Wie gerne würde ich Spanisch können, um den
Text der Lieder zu verstehen.

Als wir an einem Morgen mit Lucia den nahegelegenen Tempelberg
der Mexicas hinaufsteigen, um so auch Landschaftsaufnahmen von
Malinalco drehen zu können, erzählt sie uns, was sie am Singen und
auch an diesem Ort so fasziniert:

*Singen ist für mich ... ich singe normalerweise mit geschlossenen Augen, es
ist wie eine Möglichkeit, mich von der Welt zu lösen und meinen eigenen
Raum zu haben, wo die Musik mich an irgendeinen Ort bringt.*

*Ich meine, ein Teil der starken Verbundenheit, die ich für Malinalco
empfinde, ist auch das, was mich nach Kolumbien zieht und was mich
an meine Kindheit erinnert, mein Aufwachsen, wie ich lernte, Musik zu
hören ... ohne Bewusstsein, einfach so, weil sie einströmt in den Körper.
Sie wird zu einem Teil von dem, was wir sind. Hier in Mexico kann ich
andere Klänge entdecken als das, was ich aus Kolumbien kenne. Es ist wie
eine andere Welt, eine Welt aber, die eine Verbindung hat zu der Welt,
die ich mein Leben lang in mir trage. Wie Türen, die sich eine nach der
anderen öffnen ... es ist endlos.*

*Diese Art von Klängen und von immer neuen Erfahrungen, die wichtig
sind, nicht wahr? Es gibt eine starke Verbindung zur Tradition, aus ihr
will ich lernen. Ich will sie nicht imitieren, das steht mir nicht zu.*

*Die Leute, die auf dem Land traditionelle Musik machen, in vielen Re-
gionen, die sind es, die die Tradition bewahren sollen. Ich suche aber Inspiration in dieser Tradition, damit ich aus der Tiefe heraus das machen
kann, was aus diesem neuen Ort kommt.*

Bevor Lucia nach Malinalco gekommen war, hatte sie viele Jahre in
New York gelebt. Eine wichtige Lehrzeit sei das gewesen, erzählt sie:

*Diese Intensität, nie stillzustehen, immer im Wettbewerb, ständig. Klar,
man lernt auch viel, es ist eine Art, professioneller zu werden, effizienter,
denn das ist es, was dir dann erlaubt, die Dinge zu tun, die du tun willst,
mit den besten Musikern, an anderen Orten in dieser Welt ... Sagen wir,*

New York ist der Ausgangspunkt, um aufzubrechen in den Rest der Welt. Ich finde das wichtig, für mich war es grundlegend. Es ist eine harte Lehrzeit, aber auch eine andere Weise, in der Welt zu sein, wo es nie wirklich Zeit gibt für die Freunde, wo es keine Zeit gibt für ein einfaches Leben oder ein Leben, wo man manchmal mit sich selbst allein sein will, ohne daran denken zu müssen, dass man produzieren, dass man up to date sein muss ... das ist eine sehr wettbewerbsorientierte Welt.

Ein Erlebnis hat mich sehr beeindruckt, das war gleich am Anfang, als ich nach New York kam. Man kommt in ein Studio für eine Aufnahme (es war meine erste Produktion) und kann mit superprofessionellen Musikern zusammenarbeiten. Da geht es dann auch um viel Geld. Und mir wurde klar, wenn du nicht da bist in dem Moment, in dem du deine Sache machen sollst, steht hinter dir sofort ein anderer, der das machen kann. Und womöglich macht er es besser. Damals war einer der Musiker zu spät dran und wurde kurzerhand durch einen anderen ausgetauscht. Etwa so: Es gibt einen Saxofonpart, aber der Trompeter war früher da als der Saxofonist, und dann tauscht man einfach das Instrument aus – und den Musiker. Das klingt auch gut. Als Eindruck bleibt die Ersetzbarkeit. Das Gefühl, wenn du nicht da bist, macht es eben ein anderer. Da gibt es keinen Platz für die Persönlichkeit. Das war damals eine große Produktion mit vielen professionellen Musikern, und das hat mir die Erkenntnis verschafft: Auch wenn es dein Projekt ist, es wird von anderen gesteuert. So ist das in der Musikindustrie, das ist völlig normal. Wäre es meine Band gewesen, wäre es so nie passiert.

Lucia macht durchaus deutlich, wie froh sie nun ist, hier in Malinalco zu leben, obwohl sie immer wieder betont, wie wichtig New York, die große Stadt, für sie war, die Konzerte, das Kino, die Ausstellungen, das hat sie fasziniert und hat ihr sehr gefallen. Aber es war auch so, dass die Stadt sie »absorbiert« hat, wie sie sagt, »sie schiebt dich, sie stößt dich in eine Routine, in der du einen Rhythmus einhalten musst, wenn du nicht verloren gehen und zurückbleiben willst«. Es ist ein ganz anderer Energiezustand als in einem kleinen Dorf.

Lucia auf dem Blumenmarkt in Malinalco, der ganz im Zeichen des Dia de los muertos steht

Hier gibt es einen Raum für den Geist, sodass man mit sich selbst sein kann, und es ist ein Raum, wo man stärker mit den Menschen lebt. Es ist ein Ort von unermesslichem Reichtum, weil er dir ein anderes Lebensgefühl gibt, was mich an viele Orte in Kolumbien erinnert. Hier ist der Rhythmus des Lebens ein anderer.

Es ist diese Möglichkeit, sich mit einer Person zu treffen, ohne sich vorher verabredet zu haben, man kann hier von den schlichtesten und einfachsten Sachen lernen. Man kann das nicht hoch genug schätzen, so etwas ist unbezahlbar, es bereichert, und ich fühle, dass mir das auch einen inneren Frieden bringt, eine andere Form der Freude ...

Eine ganz spezielle Freude teilen wir hier mit Lucia in Malinalco in diesen besonderen Tagen: Ebenso wenig wie wir ist sie, die aus Kolumbien stammt, mit den Feierlichkeiten zum »Dia de los muertos« vertraut, und gemeinsam planen wir an einer Ofrenda ihrer Nachbarn teilzunehmen, die sich später ganz natürlich in den Endschnitt des Films einfügt, obwohl all das eigentlich in unseren Drehpausen aufgenommen wird.

Ganz im Gegensatz zu den äußerst tristen Friedhofsfeierlichkeiten der katholischen Kirche in Europa und ganz anders als das oberflächliche amerikanische Halloween begegnet man in Mexico dem Tod traditionellerweise mit bunten, fröhlichen Festen.

Diese Tradition hat sich trotz der christlichen Missionierung durch die spanischen Eroberer erhalten, war sie doch seit Jahrtausenden tief in den präkolumbianischen Kulturen der Azteken und Nahuas verwurzelt, die das Trauern um die Toten als Missachtung der natürlichen Lebenszyklen ansahen. Vielmehr wird seit jeher der »Dia de los muertos« als freudiges Fest gefeiert, kommen doch die Seelen der geliebten Verstorbenen an diesen Tagen erneut auf Besuch, was durchaus kein Anlass zur Trauer ist. Darum auch die vielen vor allem gelb-orangen Blumen überall, jeder trägt so viele davon vom Markt nach Hause, wie es der Geldbeutel erlaubt.

Jede Familie, die im vergangenen Jahr einen Todesfall zu beklagen hatte, errichtet einen Hausaltar. Manchmal wird das Wohnzimmer dafür ausgeräumt oder man dekoriert eben die Garage. Diese so genannte Ofrenda ist ganz dem verstorbenen Familienmitglied gewidmet ist: Alle Lieblingsgegenstände der verstorbenen Person werden aufgestellt, vergrößerte Fotos, die den/die Verstorbene/n zeigen, sowie alle Lieblingsspeisen, besonders natürlich das *pan de muerto*, ein süßes Brot dekoriert mit Knochenformen, das an diesen Tagen an jeder Straßenecke angepriesen wird. Dann gibt es Wasser auf dem Altar, da die Seele nach der weiten Reise durstig ist, und noch wichtiger: Pulque, ein süßes fermentiertes Getränk, das aus Agavensirup gewonnen wird, und natürlich Mezcal, der beliebte hochprozentige Agavenschnaps. Oft wird auch Coca-Cola dargeboten, das sich bei den Mexikanern großer Beliebtheit erfreut und fast ein Statussymbol des modernen Lebens darstellt. Hohe, weiße Stabkerzen brennen tagelang zur feierlichen Erinnerung an die Verstorbenen, jeder, der zu Besuch kommt, bringt eine weitere Kerze mit, aufdass das Licht nie erlösche.

Den Weg zum Altar weisen nicht nur die orange-gelben Blüten, sondern auch die vielen bunten, im Wind flatternden *papel picado*, Scherenschnitt-Papier mit allerlei Symbolen des »Día de los Muertos« perforiert. Somit sind – ganz wie es die Tradition vorsieht – auch alle Elemente an den Altären vertreten: Gelb-orange-rote Blumen symbolisieren die Erde, ebenso die vielen dargebotenen Früchte und das *pan de muerto*, die Kerzen bringen das Feuer ins Spiel, diese wiederum erzeugen den Wind, die Luftbewegung, sodass das *papel picado* im sanften Luftzug tanzt und raschelt, und schließlich löscht Wasser den Durst der weitgereisten Seelen und Pulque und Mezcal auch den der eintretenden Besucher.

Man ist hier nicht wählerisch, im Gegenteil: Es werden auch die Seelen willkommen geheißen, die niemand mehr kennt, die vergessen sind. Auch sie sind miteingeladen und finden bereitgestellte Gaben vor, genauso wie jeder Gast willkommen ist. So werden auch wir, fremd und neu in der Stadt, beim abendlichen Spaziergang durch die dunklen Gassen sogleich in ein Haus zur Ofrenda hereingebeten, ja, man fordert uns sogar auf zu filmen und zu fotografieren. Guavensaft und kleine Köstlichkeiten werden herbeigebracht, und da es uns an der gemeinsamen Sprache mangelt, wird eine Verwandte, die in den USA lebt, per Skype angefunkt, die nun als Dolmetscherin fungiert. Es ist sichtlich eine wenig begüterte Familie, doch umso mehr fühlt sie sich durch unseren Besuch geehrt, auch wenn wir – unerfahren und unvorbereitet auf diese Begegnung – nicht einmal die obligatorische Kerze als Geschenk dabeihaben.

Nicht nur sind wir beeindruckt, wie offen und ohne jede Traurigkeit die Familienangehörigen über den jung verstorbenen Sohn erzählen, voller Stolz und strahlender Freude über den prächtigen Altar samt Discobeleuchtung sprechen. Ganz besonders berührt mich die Gastfreundschaft und Herzlichkeit, die uns Fremden vorbehaltlos entgegenströmt.

»Immer wieder beeindruckt mich die Großzügigkeit der Leute, die nichts haben, keine Güter, keinen materiellen Reichtum. Diese Leute sind oft spirituell reicher. Ich will nicht sagen, dass es nicht auch Arme gibt, die schlechte Leute sind, alles kommt vor, klar, aber ich hatte das Glück, hier häufig auf Leute zu treffen, die immer da sind, auf die man immer zählen kann, und zwar in vielerlei Hinsicht, das erlebe ich hier in Malinalco mehr als in Städten«, sagt Lucia.

Diese Großzügigkeit wird uns auch entgegengebracht, als wir kurz vor den Feierlichkeiten Sophias Familie kennen ernen. Lucia bringt uns in ihre nächste Nachbarschaft, einen Stadtteil außerhalb von Malinalco, wo es keine teuren Villen gibt. Auch keine geteerten Straßen und sowieso keine Straßenbeleuchtung. Die Anfahrt ist jeweils ein kleines Abenteuer, da der viele Regen der letzten Tage riesige Schlaglöcher ausgeschwemmt hat. Hier an den Ausläufern der Vulkanhügel liegt das einfache Gehöft von Donna Beatrice, das aus wenigen, kleinen barackenartigen, schmucklosen Gebäuden besteht. Die über neunzigjährige Dame wird abwechselnd von ihren beiden Töchtern versorgt und gepflegt. Und hier gestattet uns Tochter Sophia, eine stattliche kleine Dame, an den Feierlichkeiten rund um die Ofrenda, die sie für ihren kürzlich verstorbenen Vater errichtet haben, mit der Kamera dabei zu sein. Auch Donna Beatrice hat nichts dagegen, wiewohl sie uns skeptisch beäugt, als wir mit ihrer Tochter, eines von zehn Kindern, die sie im Laufe ihres Lebens geboren hat, die Vereinbarungen treffen: Gleich morgen am 31. werden wir wiederkommen und die Geschenke bringen: Blumen, Kerzen und viele Früchte, die für den Altar bzw. für die Verköstigung der Gäste benötigt werden. Am 1. November abends wird dann zusammen *el rosario*, der Rosenkranz hier am bereits vorbereiteten Hausaltar gebetet, am 2. November mittags treffen wir uns am Friedhof von Malinalco, wenn die Gräber neu geschmückt und die Gaben des Altars mit dort-

Dreharbeiten auf dem Friedhof am Día de los Muertos

hin wandern werden. Und dann sind wir natürlich auch zum anschließenden feierlichen Mahl eingeladen. Sophia bedankt sich, dass wir der Familie mit unserer Anwesenheit die Ehre erweisen und sie durch die nächsten Tage begleiten werden.

Wieder unser großes Erstaunen, dass wir den Menschen keine lästigen Eindringlinge, sondern höchst willkommene Gäste sind, die den familiären Feierlichkeiten einen ganz besonderen Glanz verleihen. Es ist tatsächlich keine zur Schau gestellte Freundlichkeit, sondern eine echte, warmherzige und ganz natürlich anmutende Geste, die uns aus unserer Kultur fremd ist und uns sehr nachdenklich macht.

Ganz selbstverständlich treffen alle Vorbereitungen für die bevorstehenden Feierlichkeiten die Frauen der Familie. Unter der Oberfläche des mexikanischen Machismo ist nicht zu übersehen, dass zumindest das familiäre Leben von den Frauen organisiert, die Fäden, die alles zusammenhalten, von ihnen gezogen werden. Alles, was wirklich von Wichtigkeit für die Gemeinschaft ist, wird von den Frauen gemacht: Sie ziehen die Kinder auf, sie pflegen die Alten, sie richten Feste aus und verköstigen Familie, Nachbarn und Freunde.

Natürlicherweise – so wirkt es auf uns – nehmen die Frauen die Führungsrolle in der Familie ein, einfach deshalb, weil sie sich um das Wohlergehen aller bemühen.

Und ebenso natürlich – so wäre es logisch – müssten Frauen auch eine große Wertschätzung in der Gesellschaft erfahren. Tatsächlich ist – wie in vielen Teilen der Welt, doch ganz besonders hier in Mexico – leider das Gegenteil der Fall.

Männer und Frauen sind eben verschieden, es gibt keinen Grund, warum wir gleich sein sollten. Aber die Rolle der Frau ist oft sehr durch eine Macho-Kultur definiert.

Kulturell gab es die Herrschaft des Maskulinen über das Feminine. Das ist eine Macht. Und die religiösen Schriften sind immer patriarchal, immer haben sie die Herrschaft des Mannes über die Frau betont. Ich glaube, dass sich das im Unterbewusstsein im Verlauf von vielen tausend Jahren festgesetzt hat.

Das Problem ist, wenn die Frau die Rolle des Femininen nicht versteht und mit dem Maskulinen konkurrieren will. Für mich ist das ein falscher Standpunkt.

Wir Frauen sollten auf diese magische Weise feminin sein, schön, zärtlich, beschützend, liebevoll, in all dem liegt für mich das Feminine. Was nicht Schwäche meint, was nicht Kraftlosigkeit meint, ganz im Gegenteil. Das ist so eine Intensität, die von einem sehr speziellen Wesensteil ausgeht, was für mich das Feminine ist, und das wird oft mit Schwäche verwechselt.

Wenn die Frauen Stärke zeigen wollen, dann wollen oft sie den Männern gleich sein. Es ist wie ein Tausch, die Situation bleibt dieselbe, aber wir haben die männliche Version einer Frau. Ich meine, die Kraft des Weiblichen bereichert mehr als eine Stärke, die das Männliche imitiert. Das Wesentliche, Offenheit und Wärme, fehlt dann.

Ich glaube, es ist ein wesentlicher Punkt, den Raum für das Feminine und das Maskuline zu verstehen und zu respektieren. Wo einer den anderen ergänzt, um eins zu werden.

In diesem Moment würden wir eine Harmonie erreichen, die ein besseres Zusammenleben möglich macht.

Lucias Nachbarinnen haben uns zur Ofrenda, zu einer Feierlichkeit zu Ehren der Verstorbenen eingeladen.

Wenn wir uns in unseren Unterschieden erkennen, können wir uns wirklich begegnen. Dieser Respekt vor dem Anderssein des anderen ist es, was der Welt einen viel harmonischeren Verlauf erlauben würde.

ZWISCHENTÖNE 5

Vertrauen

> Wie bekommt man die Menschen dazu, dass sie wirklich von sich erzählen, dass sie etwas von sich preisgeben und zwar mit einem guten Gefühl, ohne dass sie sich bedrängt fühlen?

Der Umgang und der Austausch mit den verschiedenen Menschen, denen man bei einer so langen Reise begegnet, ist natürlich das Wesentliche eines solchen Projekts. Da ja alles mit allem zusammenhängt, kann man sagen, dass es entscheidend ist für das Gelingen oder eben Nicht-Gelingen eines Films, wie man den einzelnen Menschen begegnet. Wenn man die Leute ernst nimmt und ihnen offen begegnet, stellt sich schnell heraus, ob es eine gemeinsame Resonanz gibt oder nicht. Mit »ernst nehmen« ist gemeint, sich für sie zu interessieren, bereit zu sein zuzuhören, bereit zu sein, lange Wege zu gehen und nicht vor dem ersten Hindernis zu kapitulieren. Und Lucia ist wirklich ein gutes Beispiel dafür, wie weit so ein Bogen gespannt werden kann. Die erste Aufnahme, die für den Film gemacht wurde, war mit Lucia im Mai 2012 und die letzte war eben wieder mit Lucia, und zwar im November 2018. In diesen sechseinhalb Jahren ist der Kontakt nie abgebrochen, auch wenn es lange Pausen gab. So haben wir das Interesse an ihr nie verloren, und umgekehrt hat sie das auch gespürt und uns daher auch ganz anders beschenken können. Da entsteht über die Jahre ein Vertrauen und dadurch eine Offenheit, ohne die es keine Tiefe gibt, und ohne Tiefe ist dann so ein Film auch nicht besonders interessant. Umgekehrt, wenn wir spüren, dass wir nicht ernst genommen werden, dann geht es auch nicht, dann ist der Austausch kein gleichwertiger, dann ist die Balance von Geben und Nehmen gestört. Auch wenn die Namen und Biografien der Betreffenden noch so klingend sind, ohne diese respektierende Balance kann

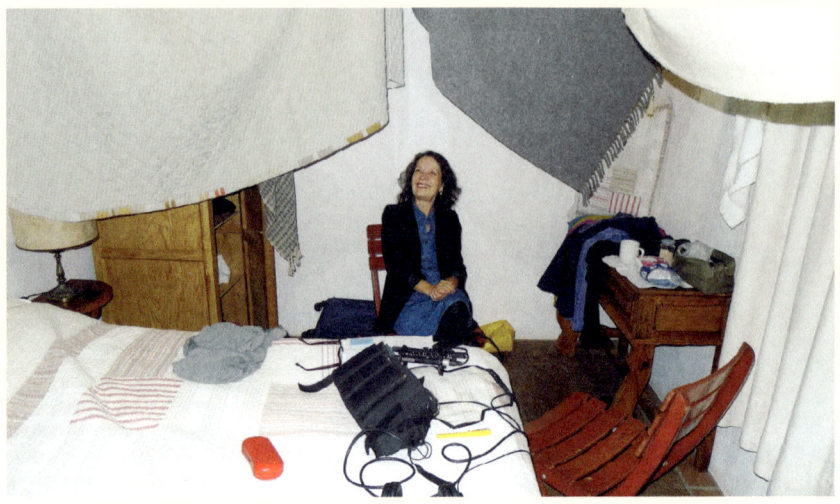

Improvisiertes Tonstudio im Hotelzimmer

es nicht zu einem Moment der Inspiration kommen, das geht nicht. Das ist etwas, was wir von diesem Projekt lernen durften, was wir mitnehmen und was uns auch weiterbringt, etwas, das vielleicht als Entwicklung bezeichnet werden kann.

Wir sind sehr spät nach Mexico zu Lucia gereist, spät im Prozess der Filmherstellung, sozusagen aus dem Schneideraum heraus, und es war uns auch nicht wirklich klar, was uns in Mexico erwartet. Dass Anfang November dort der »Día de los Muertos« stattfindet, für die Mexikaner das wichtigste Fest des Jahres, haben wir als Geschenk gerne angenommen. Von Anfang an sollte der Tod in den Film miteinbezogen werden, als selbstverständlicher Teil des Lebens. Wir konnten beobachten, wie Menschen auf dem Friedhof auftauchen, sehr lange nach dem Grab der Anverwandten suchen und es schließlich unter einem total verwachsenen Haufen Gestrüpp finden. Wenn Lucia dann auf ihrer kleinen viersaitigen »Quatro«, einer kleinen Gitarre, ein Lied anstimmt und der Refrain »la triste vida« lautet, dann fließt das auf eine ganz organische Art und Weise zusammen.

Man könnte es natürlich einfach nur Glück nennen, dass wir dort so tollen und bescheidenen Menschen begegnen durften, die sich treu geblieben sind, ihre eigenen Wege gehen und nicht die, die vorgegeben sind. Aber hinter diesem Glück steckt unserer Meinung nach mehr, steckt der ehrliche Versuch gegenseitiger Wertschätzung, die auf Vertrauen gründet und dieses Vertrauen wiederum sollte gepflegt werden. Das ist viel wichtiger als sich eine raffinierte Einstellung auszudenken oder das neueste technische Equipment einzusetzen was dann, wenn sie nur um ihrer selbst willen eingesetzt werden, vor allem aufgesetzt wirken.

Und die Mexiko-Episode mit Lucia ist vor allem deshalb wichtig, weil sie diese Bescheidenheit erfahrbar macht. Da ist Lucia als Sängerin inmitten dieser einfachen Frauen, die vor allem wollen, dass das Leben gut weitergeht. Es sind Frauen aus der Nachbarschaft, die erst durch unsere Dreharbeiten erfahren haben, dass Lucia eine Sängerin ist. Und als Lucia dort spontan zwei, drei Lieder singt, lauschen diese Frauen andächtig und sind ganz gerührt.

Vielleicht war es eine ähnliche Situation, als die Geigenbauer bei den Thomas in der Hinterriß im Karwendelgebirge aufgetaucht sind, um ein klassisches Konzert aus Dankbarkeit für das »Geigenholz« zu geben.

»KRACHEND FÄLLT DER BAUM, STILL WÄCHST DER WALD«

ERWIN THOMA BERICHTET AUS DER GRÖSSTEN UNIVERSITÄT DER WELT – DEM WALD

Vom gesamten Gewicht der so genannten lebenden Biomasse auf der Erde fallen auf Menschen und Tiere zwei Prozent, auf niederwüchsige Pflanzen rund vierzehn Prozent, und vierundachtzig Prozent der lebenden Masse sind Wald.

Erwin Thoma war der jüngste Förster Österreichs im größten zusammenhängenden Forstgebiet des Landes, im Karwendelgebirge in Nordtirol. Das hatte er weniger seiner Tüchtigkeit und Erfahrung zu verdanken – er stand ja ganz am Anfang seiner Berufslaufbahn – als vielmehr seinem Mut und vor allem dem Mut seiner Frau Karin.

Denn wer damals Anfang der 1980er Jahre im Karwendel Förster sein wollte, musste in Kauf nehmen, im Winter monatelang eingeschneit zu sein und das Tal in dieser Zeit auch nicht mehr verlassen zu können.

Die nächstgelegene Ortschaft, in der es auch ein Geschäft gab, war rund achtzig Kilometer entfernt. Nur für ein junges Försterehepaar in einem abgelegenen Forsthaus und ein paar verstreute Bauernhöfe in der Gegend wurde bei starker Schneelage und hoher Lawinengefahr die Straße in die Hinterriß im Karwendel natürlich nicht geräumt.

Elektrischen Strom gab es im Forsthaus in den ersten Jahren nicht, und Solarstrom war noch nicht erfunden. Die Thomas – sie waren beide knapp über zwanzig Jahre alt – waren also lange und oft dunkle Wintermonate auf sich alleine gestellt. Sie mussten alles fürs Überleben Notwendige im Haus haben und auch für Notfälle gewappnet sein. Karin, eine gelernte Drogistin, legte im Sommer einen Vorrat an Heilkräutern an, rührte Pechsalben aus dem Pech der Lärchen-

Das Karwendelgebirge in Nordtiroll Herbst 2018

bäume, falls es zu Schnittwunden oder sonstigen offenen infektiösen Verletzungen kam.

Ihre drei Kinder kamen in der Hinterriß zur Welt. Rückblickend betrachtet, waren diese Jahr die schönsten ihres Lebens, sagen sie, als sie in der Einsamkeit des Karwendelgebirges mit und durch die Natur lernten, wie bereichernd ein einfaches Leben sein kann.

Erwin Thomas Aufgabe war es, in dieses Tal den technischen Fortschritt zu bringen. Die Forstwirtschaft war damals vor allem ein sehr schweres und gefährliches Handwerk, betrieben von Holzknechten, die in ihren spartanischen Behausungen ein Leben wie im Mittelalter führten. Eine Art Parallelwelt für Thoma, in der Menschen Dinge wussten, von denen der weitaus besser gebildete junge Förster nicht die geringste Ahnung hatte. Da gab es einen Forstarbeiter, der konnte weder lesen noch schreiben, aber am Ende des Sommers hat er den Herrn Förster in seine Behausung gebeten, um ihm zu zeigen, was er den Sommer über an den Abenden gemacht hatte. Staunend stand dann der junge Thoma vor einer Pendeluhr, die dieser Mann aus dem Holz der Bäume geschnitzt hatte und deren Uhrwerk aus Holz präzise lief.

Rast am kleinen Ahornboden

Eines Tages hatte es der junge Förster besonders eilig und hetzte voller Tatendrang hinauf zur Hasental-Alm, um dort bei den Waldarbeitern nach dem Rechten zu sehen. Er kam an einem kleinen Bauernhof vorbei, wo just in diesem Moment der alte Bauer die Stalltür öffnete, um den jungen Mann aufzuhalten und ihm eine kurze Rast auf der Hausbank anzubieten.

Thoma setzte sich widerwillig und stellte sich als neuer Förster vor. Der Alte nahm das mit stoischer Gelassenheit zur Kenntnis und saß nur stumm da, starrte ins Tal und zwang seinen unruhigen Gast, es ihm gleichzutun.

Nach einer Viertelstunde drehte er sich zu Thoma und sagte: »Wer eilt, der hat kein Glück!«, stand auf und ging wortlos in seinen Stall zurück.

Solche Erlebnisse beginnen ab jetzt das Leben der Thomas zu prägen. Sie lernen von Menschen, die das tradierte Wissen aus den einsamen Tälern des Karwendelgebirges intuitiv weitergeben, einfach so, ohne an Gegenleistungen zu denken.

Erwin Thoma überblickt sein früheres Forstrevier

Eines Tages stehen Geigenbauer vor der Tür. Sie suchen Holz für den Geigenbau und wissen aus Unterlagen, dass die alten Meistergeigenbauer Holz aus dieser Gegend für ihre Instrumente verarbeitet haben. Instrumente, die heute unbezahlbar sind und nur von den besten GeigerInnen der Welt gespielt werden dürfen.

Erwin Thoma steigt mit ihnen hoch hinauf auf den kleinen Ahornboden, wo diese Leute beginnen, die Bäume nach ihrem Klang abzuklopfen. So geht das tagelang, und Thoma denkt sich, so ein Blödsinn, die werden da was hören. Er hört nichts, keinen Unterschied im Klang. Irgendwann haben die Geigenbauer einen Baum gefunden, von dem sie glauben, dass er geeignet sein könnte, einer unter vielleicht einer Million Bäumen.

Thoma fällt den Baum, und es stellt sich heraus, es ist ein Baum, der für den Instrumentenbau alle Anforderungen erfüllt, eine so genannte Haselfichte, eine genetische Mutation, bei der die Holzphase nicht gerade, sondern gewellt ist, was aber von außen nicht zu sehen ist. Die Geigenbauer kaufen den Baum, und ein Jahr später stehen sie wieder vor der Tür des Försterhauses, um sich zu bedanken. Sie

Der Wald klingt jeden Tag anders

konnten es nicht erwarten und haben – obwohl das Holz eigentlich sehr lange trocknen muss – schon mal eine Probegeige gebaut. Diese Geige haben sie jetzt dabei und noch eine andere, und sie spielen darauf. Da stehen Karin und Erwin Thoma mitsamt ihren Kindern und dem Hund und lauschen inmitten des Karwendelgebirges einem klassischen Geigenkonzert. Erwin Thoma erinnert sich:

Der Wald klingt jeden Tag anders. Es ist ein Unterschied, ob es windig ist oder geschneit hat, ob es taut oder regnet oder ob die Sonne scheint. Aber dass jeder Baum einen eigenen Klang hat? Was hätten wir mit dem Baum gemacht, wenn die Geigenbauer nicht gekommen wären? Wir hätten ihn gefällt, zu einem Sägewerk gebracht und Bretter schneiden lassen, achtlos …
  Diese Geigenbauer haben dann von der Hochblüte des Geigenbaus, erzählt, von Stradivari und von Guarneri und den anderen großen Geigenbauern und dass eine Geige nichts anderes ist als ein halbes Kilogramm Holz, das mit einer unglaublichen Meisterschaft in die richtige Form gebracht wird. Da sind wir dann dagesessen und haben uns gedacht, so

etwas wollen wir auch machen, so arbeiten, dass Menschen nach hunderten Jahren noch eine Freude daran haben.

Nach sechs Jahren mussten die Thomas aus den einsamen Alpentälern des Karwendel wegziehen, weil der älteste Sohn in die Schule kam und sie ihn nicht in ein Internat schicken wollten. Als Dank für das jahrelange Ausharren hat man Erwin Thoma einen sicheren Staatsposten angeboten, er hat sich aber anders entschieden.

Zurück in der sogenannten Zivilisation begann er sich für das Wissen des Großvaters seiner Frau zu interessieren, ein Zimmermann, der sein Leben lang Holzhäuser gebaut hat, in denen man sich einfach wohlfühlen konnte.

Gelegenheiten soll man nützen, das hat Thoma in den Lehrjahren in der Hinterriß gelernt, und so tat er sich mit dem alten Mann zusammen, von dem es sehr viel zu lernen gab. »Ich folgte einfach einer inneren Stimme, und so kam mein zweiter Beruf zu mir.«

Das Leben führt so wunderbar Regie. Wenn man einmal das Herz für etwas geöffnet hat, bekommt man immer die Schubser in diese Richtung und diese Schubser können auch unglaublich unangenehm, schmerzhaft sein, sodass man am Anfang gar nicht versteht, was eigentlich passiert.

Wir sind von der Hinterriß nach St. Johann im Pongau in ein modernes Haus gezogen, und kaum waren wir dort, sind zwei unserer Kinder, die ansonsten immer gesund waren, plötzlich krank geworden, ziemlich krank, sie sind fast erstickt, wenn wir sie schlafen gelegt haben. Es hat sich herausgestellt, dass sie eine Allergie hatten gegen Leime und Klebstoffe, die in Spannplatten verarbeitet sind und die dann jahrelang ausgasen. Der Opa hat gesagt: »Wenn die Kinder von dem Glumpert krank werden, dann reißen wir es heraus.«

Die Kinder wurden den Sommer über mit der Mutter auf eine Alm geschickt, in eine einfache Holzhütte, wo sie sofort wieder gesund wurden, und Erwin Thoma hat mit dem Großvater das Haus entkernt, das sogenannte moderne Mobiliar durch Massivholzmöbel ersetzt, und der Spuk war vorüber.

Dass der alte Mann den Kindern so das Kortison erspart hat, hat Erwin Thoma dazu angespornt, die gesündesten Holzhäuser der Welt zu bauen. Thoma beschloss, Unternehmer zu werden, als Quereinsteiger ohne einen Businessplan, ausgestattet nur mit dem Wissen und der Erfahrung eines über achtzigjährigen Zimmermannes.

Der erste und wichtigste Ratschlag auf dem Weg dorthin kam natürlich vom Opa: Wenn du mit Holz arbeitest, dann verarbeite es in seiner besten Form, denn die Arbeit ist immer die gleiche.

Mondholz. Das war für Erwin Thoma zuerst einmal ein Schock. Er, der Forstwirtschaft studiert hatte und sie aus der Praxis kannte, hatte noch nie von Mondholz gehört. Kein Professor hat je davon erzählt, und jetzt kommt der Opa mit so etwas daher, das ist doch reine Esoterik, die Bäume im Winter bei abnehmendem Mond schneiden, damit das Holz besser ist.

Dann hat er es ausprobiert und konnte es nicht glauben: In dieses Holz ist das ganze Jahr, auch wenn es warm geworden ist, kein Pilz, kein Käfer hineingegangen, es war offensichtlich widerstandsfähiger! In der Erwin Thoma Holz GmbH wird seitdem ausschließlich Mondholz verarbeitet, sei es für Holzböden, Wand und Deckenschalungen oder gleich zu ganzen Holzhäusern.

Die ältesten Holzhäuser der Welt stehen in Japan und sind gut sechzehnhundert Jahre alt, in Russland gibt es Kirchen aus Holz, die an die tausend Jahre alt sind, und zu Zeiten Julius Cäsars gab es im alten Rom einen Erlass, dass Kriegsschiffe nur aus Mondholz gebaut werden durften. Dieses alte Wissen ist zwar gut dokumentiert, war aber lange Zeit wissenschaftlich nicht nachweisbar.

Thoma wurde und wird dafür kritisiert, dass er ausschließlich mit Mondholz arbeitet, vor allem von einer Holzindustrie, für die es finanzielle Einbußen bedeuten würde, würde sie Holz im Winter nur bei abnehmendem Mond ernten. Wenn man an Gewinnen und Maschinenauslastung interessiert ist, kann man nicht auf die Rhythmen der Natur Rücksicht nehmen.

Diese Mondholzdebatte ging über zehn Jahre, und in dieser Zeit lernte Thoma, dass bei aller Begeisterung für altes Wissen dieses Wissen auch über den Prüfstand der Naturwissenschaft geschickt werden muss, um es richtig anzuwenden. Es ist ganz wichtig, das alte Wissen nun auch wissenschaftlich belegen zu können.

Die Laufbahn von Erwin Thoma ist nicht nur eine Erfolgsstory, es gab auch viele Rückschläge und Niederlagen. Eine war, dass er und seine MitarbeiterInnen im inzwischen entstandenen Forschungszentrum in Goldegg den praktisch erfahrbaren Vorteil von Mondholz nicht wissenschaftlich nachweisen konnten.

Da kam ihnen eine Gruppe von Holzwissenschaftlern von der ETH Zürich rund um Professor Dr. Ernst Zürcher zu Hilfe, die diesen Nachweis letztlich Anfang des 21. Jahrhunderts erbringen konnte.

Jeder Baum hat ein elektrostatisches Ladungsfeld (eine Aura), das man elektrotechnisch messen kann, und diese Ladung schwankt mit der Gezeitenkurve des Mondes und hat einen Einfluss auf die molekularen Bindungskräfte im Inneren des Baumes. Bei abnehmendem Mond wird mehr Wasser in der Zellstruktur gebunden, bei zunehmendem viel mehr in der Hohlraumstruktur. Und das bewirkt, dass Holz, welches im Winter bei abnehmendem Mond geerntet wird, sich stärker zusammenzieht, dichter und somit widerstandsfähiger wird.

Ernst Zürcher et. al., Die Bäume und das Unsichtbare, Aarau 2016

Eines schönen Tages taucht im Forschungszentrum Thoma in Goldegg ein stattlicher Herr auf, weil er einen Holzboden kaufen will, und kommt so ins Gespräch mit Erwin Thoma. Der Mann zeigt sich sehr interessiert, und es entwickelt sich ein Gedankenaustausch über die verschiedenen Ansichten, wie man mit Holz verfahren könnte, was dieses Material so alles zu bieten hat und worin die großen Vorzüge dieses genialen Rohstoffes liegen. Irgendwann zieht Thoma auch sein Tagebuch zu Rate, in dem er das gesammelte Wissen des inzwischen verstorbenen Opas eingetragen hat, einfach um es festgehalten zu haben, falls sich später eines der Kinder dafür interessiert.

Der richtige Zeitpunkt spielt bei der Holzernte einen große Rolle, was die Holzqualität betrifft.

Der Gast ist zunehmend fasziniert von Thomas Ausführungen und schlägt dann irgendwann vor: Herr Thoma, Sie müssen unbedingt ein Buch schreiben! Thoma zeigt sich irritiert und wiegelt ab: Ich ein Buch schreiben? Davon habe ich doch nicht die geringste Ahnung! Da erwidert der Mann, aber Sie haben es doch schon geschrieben und zeigt auf das Tagebuch. Jetzt ist Thoma noch mehr verunsichert und bringt die nächste Ausflucht: Aber da bräuchte ich doch einen Verleger! Der steht vor ihnen, entgegnet der Gast.

Tags darauf hat Erwin Thoma in ganz anderen Angelegenheiten einen Termin bei seinem Steuerberater und erwähnt nebenbei, dass er überlegt, ein Buch zu schreiben, da er völlig überraschend ein aufmunterndes Angebot bekommen habe und so das über die Jahre angesammelte Wissen, seine Erkenntnisse, und vor allem auch die des Großvaters, in einem Buch gebündelt zu veröffentlichen gedenke.

Die Miene des Steuerberaters beginnt sich immer mehr zu verfinstern und plötzlich bricht es aus ihm heraus: Bist du wahnsinnig, jetzt hab ich dich jahrelang über die schwierigen Phasen einer Firmengründung getragen und begleitet, und du gehst her und veröf-

Das weiß man seit Jahrtausenden, seit kurzem kann es auch die Wissenschaft nachweisen.

fentlichst dein Alleinstehungsmerkmal, das ganze Wissen deines Großvaters, sein Know-how, das ist ein Schatz, den du hüten musst, das ist ein Betriebsgeheimnis! Die ganze Konkurrenz wird sich über dich lustig machen und kann sich praktisch gratis bei dir bedienen.

Darauf ist Erwin Thoma noch gar nicht gekommen, dass er etwas ausplaudern könnte, das ihm letztlich schadet, und die Argumente seines Steuerberaters beginnen ihn zu verunsichern. Stark gedämpft in seiner Euphorie geht er nach Hause und bespricht die Angelegenheit mit seiner Frau Karin.

Wir haben uns gemeinsam die Frage gestellt, was wir wirklich wollen, und die Antwort war, uns gesund weiterzuentwickeln, und so kamen wir ganz natürlich auf den Wald. Was entwickelt sich im Wald gesund und widersteht den Gefahren, welcher Baum ist der gesündeste? Der Baum ist der gesündeste, der von seinem größten Schatz am meisten hergibt!

Es ist der Baum, der vom Zucker, den er durch die Fotosynthese in den Blättern und Nadeln der Baumkrone erzeugt, am meisten unten im Boden an die Mikroorganismen abgibt, der bekommt am meisten Nährstoffe zurück. Dieser Baum wächst am besten, gedeiht am sichersten, ist am

gesündesten. Der Baum, der dieses Geben und Nehmen am Besten prak-
tizieren kann, hat sozusagen den größten Erfolg.

Dieses Bild machte ganz schnell klar, was zu tun ist, und Thoma entschied, alles, was er vom Großvater bekommen hattte, weiterzuge-
ben. Das Buch erscheint unter dem Titel *Dich sah ich wachsen: Was*
der Großvater noch über Bäume wusste.

Das war meine wichtigste Entscheidung, die ich als Unternehmer getrof-
fen habe, denn das Buch hat etwas ausgelöst, was ich mir nie hätte erträu-
men können. Das Buch wurde ein Bestseller – ich wusste davor gar nicht,
was ein Bestseller ist – es kamen Zuschriften aus dem ganzen deutsch-
sprachigem Raum (weil es zunächst nur in deutscher Sprache erschien),
von Zimmermännern, von Handwerkern, von Holzarbeitern, eine ganze
Bibliothek an Erfahrungsberichten über Holz und dessen Verarbeitung
hat sich angesammelt. Das hätten wir nirgendwo bekommen, eben weil
es gar nicht niedergeschrieben wurde.

Kurz darauf trifft Besuch aus Japan bei den Thomas ein. Ein Mönch,
der Leiter eines sechzehnhundert Jahre alten japanischen Klosters,
der von einem Schüler in Deutschland von diesem Buch erfahren hat,
steht in der Tür.
    Er berichtet davon, dass es in seinem Kloster Aufzeichnungen über
den Klosterbau gebe und dass das, was die Mönche von damals notiert
haben, identisch ist mit den Erfahrungen von Thomas Opa, die in
seinem Buch festgehalten sind. Deswegen ist er extra von Japan nach
Goldegg gereist, um der Sache nachzugehen.
    Erwin Thoma ist platt, das Einzige, was er dem Mönch berichten
und garantieren kann, ist, dass der Opa nie in Japan war.

In den 1990er Jahren kam eine neue Herausforderung auf das kleine
Unternehmen Thoma zu. Häuser in alter Holzbautechnik, Stamm
auf Stamm, ganz puristische Blockhäuser, in denen sich der Mensch
wohlfühlt, die ein nachweislich besseres und gesünderes Raumklima
hatten – dieses Ziel war erreicht.

Doch plötzlich hieß es Energie sparen, es wurden technische Werte für Energieeffizienz vorgeschrieben, welche die charmanten Blockhäuser mittels Holzriegelbauweise nicht erreichen konnten.

Die Häuser waren rein aus Holz und abfallfrei, sprich in einer Kreislaufwirtschaft hergestellt, aber um es ganz direkt zu formulieren, es zog in ihnen. Andere Holzbaufirmen lösten diese Herausforderung mit Leim und Klebstoffen beziehungsweise mit Dichtungsfolien und Dampfsperren. Aber genau das wollte Thoma nicht tun, da war einerseits die Erfahrung mit den Allergien der Kinder und andererseits der stolze Anspruch, die gesündesten Häuser in die Welt zu bringen.

Das kleine Unternehmen in Pongau mit zehn, zwölf Mitarbeitern schlitterte in eine Krise, die existenzbedrohende Ausmaße annahm. Thoma glaubte an die Bäume, an den Wald, an Holz als genialen, sich ständig erneuernden nachwachsender Rohstoff, der in sehr großen Mengen zur Verfügung stand (in Deutschland wachsen in jeder Sekunde fünf Kubikmeter nach, in der Schweiz und in Österreich ca. ein Kubikmeter pro Sekunde), aber wie kriegt man die Wände »dicht« und erreicht die geforderte Energieeffizienz, wenn man nur Holz verwenden will?

Die Lösung fand sich äußerst überraschend, und zwar im Traum. Erwin Thoma sprang um fünf Uhr früh aus dem Bett, rannte in die Küche und begann den Traum aufzuschreiben, den er gerade gehabt hatte und aus dem später sein erster Patentantrag entstand. Plötzlich war die Lösung da, die es ermöglicht, Häuser erdbebensicher, brandsicherer als Beton und energieautark zu machen. Nur aus Holz, mit Wänden, die dreißig bis vierzig Zentimeter dick sind und aus kreuzweise zusammengestapelten Brettlagen bestehen. Diese werden nicht verklebt, sondern sind mit Holzdübeln verbunden. Die Holzdübel werden so getrocknet, dass sie trockener als die sie umgebenden Holzbretter sind, aus diesen die Restfeuchte aufsaugen und aufquellen. So entsteht ein aus reinem Holz bestehender, mechanischer Verbund, der unlösbar fest wird und Gebäude bis zu elf Stockwerken erlaubt.

Dieses Wandelement besteht ausschließlich aus Holz und wiegt rund 2 Tonnen.

Das Besondere ist, dass diese Wände über ein Monat lang Zeit brauchen, um auszukühlen. Man kann mit ihnen einen genialen Körper bilden, der Temperatur stabilisieren und speichern kann, etwas, das mit Dämmstoffen so nie erreicht werden kann.

In rein mit Dämmstoffen isolierten Räumen hat man zwar einen hohen Dämmwert, aber die Räume kühlen schnell aus, es herrscht ein Baracken-Klima. Es ist immer eine Heizung oder sehr viel Technik notwendig, die die Temperatur ausgleicht. In vollem Holz bekommt man ein Klima, wo man von außen keine künstlich zugeführte Energie mehr braucht.

Wie funktioniert das? In der westlichen Welt glaubt man, dass die Welt ein Ort des Mangels ist, es ist aber andersrum: Wir leben in einer Welt der Fülle! Wir Menschen können niemals die Energie verbrauchen, die die Sonne an einem Tag auf die Erde strahlt. Wir müssen diese Energie nur richtig einsetzen. In den Häusern der Firma Thoma funktioniert das so: Auf den Böden wird eine zwanzig bis dreißig Zentimeter dicke Lehmmasse aufgebracht, die sich ähnlich wie in einem Kachelofen am Tag, wenn die Sonne einstrahlt, aufheizt, Wärmeener-

Erwin Thoma und seine erstes Patent, der Querschnitt einer Holz-100-Wand

gie speichert und dann ganz langsam abstrahlt. Die Fenster der Häuser sind so ausgerichtet, dass die Sonne im idealen Winkel auf diese Böden strahlen kann, wobei ein spezielles Glas die Sonnenstrahlen sozusagen noch bündelt.

Wenn Räume, Böden, Einstrahlwinkel richtig abgestimmt sind, dann ist das Zusammenspiel mit den sehr langsam auskühlenden Holzwänden schon das ganze Geheimnis. Wichtig dabei zu bedenken ist, dass über einen Zeitraum von mehreren Tagen, an denen die Sonne nicht direkt auf das Haus scheint, weil eine längere Periode mehr oder weniger starke Bewölkung gegeben ist, die Temperatur gehalten werden kann (zehn bis dreißig Tage lang).

Die Modelle, um diese Erfahrungswerte zu erarbeiten, haben die Thomas mit sehr engagierten Thermodynamikern der Technischen Universität Graz erarbeitet, die wiederum ihr Wissen in Zusammenarbeit mit der deutschen Autoindustrie gesammelt haben, in der Brennstoffmotoren auf diese Weise optimiert werden.

Das Meisterstück, das in dieser Technik erarbeitet und errichtet wurde, war der Neubau des österreichischen Filmarchivs in Laxenburg bei Wien. Dort war die Herausforderung allerdings nicht das

Heizen, sondern das Kühlen. Die gelagerten Nitrofilme, die aufgrund der Ausgasungen Beton zerfressen und bei verleimten Hölzern den Leim angreifen würden, müssen das ganze Jahr über bei einer konstanten Temperatur von zwei Grad Celsius gelagert werden. Dies wird ohne technische Zusatzkühlung, rein durch ein ausgeklügeltes System an verschachtelten Holzwänden erreicht.

Thoma hat Häuser gebaut, nördlich des Polarkreises oder in Kitzbühel ein Bürogebäude mit 6500 Quadratmetern Nutzfläche, wo noch nie ein Cent für Heizung oder Kühlung ausgegeben wurde.

Das Raumklima ist in diesen Häusern nachweisbar besser, Holzwände sind ein idealer Schutzkörper gegen elektromagnetische Strahlung und, wie sich kürzlich herausgestellt hat, gegen Viren und Bakterien. Zur Zeit entsteht in Deutschland das erste Krankenhaus aus Holz, hergestellt von der inzwischen auf 120 MitarbeiterInnen angewachsenen Firma von Erwin Thoma.

Sollte eines fernen Tages eines dieser Holzhäuser nicht mehr gewollt werden, so kann man sie zerlegen, die Holzdübel aufbohren und die einzelnen Bretter entweder wiederverwenden oder zu Humus zerfallen lassen, genau das ist die Anforderung einer »cradle to cradle«-Zertifizierung, die an diese Häuser vergeben wurde. Diese sind auch ein großes Friedensprojekt. Weniger Energie zum Heizen, Kühlen oder für den Transport bedeutet weniger Kriege um Rohstoffe und somit weniger Krieg auf unserem schönen Planeten Erde.

Ich habe in meinem Leben zwei Ausbildungen machen dürfen. Die von mir geliebte Forstwirtschaft hab ich gelernt, und als Unternehmer bin ich in die Wirtschaftswissenschaften gekommen und habe mit meiner Tochter gemeinsam in einem Fernstudium Betriebswissenschaft studiert. Und das war für mich eine unglaubliche Überraschung, in vielen Bereichen lernst du in der Wirtschaftswissenschaft das Gegenteil von dem, was man in der Forstwirtschaft oder in der Biologie lernt. Beides sind aber anerkannte Wissenschaften, und da sieht man, wie unsere Art das Leben durch Aufteilen zu begreifen, daneben liegt.

Fünfstöckiges Holzhaus in Zweisimmen in der Schweiz, gebaut aus Holz-100-Elementen

In der Forstwirtschaft ist völlig klar, dass Wachstum immer begrenzt ist. Bäume wachsen nicht in den Himmel, das gibt es nicht und das geht nicht. In der Wirtschaft, vor allem in der Finanzwirtschaft lernst du: Nur wenn es exponentielles, ewiges Wachstum gibt, ist alles gut. Da wird uns erzählt, das Wohlergehen der Gesellschaft hängt vom ewigen Wirtschaftswachstum ab. Das ist aus Sicht der Biologie gesehen ein haarsträubender Blödsinn.

Letztendlich sind Gesetze des Lebens natürlich allgemeingültig, und dadurch kann diese Gleichung nie aufgehen, wenn jeder Wissenschaftszweig in seinem Bereich beginnt, eigene Gesetze zu entwickeln, die einander widersprechen, das führt sich ad absurdum. Dass die Gesetzmäßigkeiten des Lebens in den Wäldern, in der Natur die erprobteren sind, liegt auf der Hand. Dass der Wald vielleicht die wichtigste Universität des Lebens ist, liegt auch auf der Hand.

Wenn ich zurückdenke, wie gut es mir getan hat, vor meiner unternehmerischen Tätigkeit sechs Jahre in der Stille des Waldes, in der Einsamkeit der Karwendeltäler zu verbringen, dann wäre es vielleicht eine interessante Idee zu sagen, wer in der Gesellschaft Verantwortung übernimmt, in der Politik, in der Wirtschaft, in der Kultur, der möge vorher ein oder zwei Jahre einsam in der Stille der Wälder verbringen.

Drehpause mit Erwin Thoma

Mit Erwin Thoma war das anders mit den Pausen, denn er ist eigentlich kein Mann der Pausen. Die mir also wichtigste in Erinnerung gebliebene war während einer langen Autofahrt zurück von Zweisimmen in der Schweiz nach Österreich. In Zweisimmen steht das Holzhaus, das in Kooperation mit den Thomas errichtet wurde und indem es keine Heizung gibt, obwohl das Haus in rund tausend Meter Seehöhe in den Zentralalpen steht.

Bei diesen Dreharbeiten war auch Erwins Sohn Florian mit von der Partie, und so kommt es, dass wir die Rückreise in Thomas Auto wie folgt antreten: Am Steuer sitzt Erwin, daneben sein Sohn Florian. Hinten sitzen Aljoscha, unser Kameraassistent und ich, mit den Füßen auf einem Stapel Bücher, da Erwin am Abend in Zug in der Schweiz einen Vortrag hält und dort einen Bücherstand hat.

Bequem ist anders, aber Filmemachen ist oft abenteuerlich, und anders als bei einer Hollywood-Produktion haben wir keinen eigenen Fahrer. Unser Fahrer ist Förster, Unternehmer, Philosoph und hier auch in seiner Vaterrolle unterwegs. Irgendwann fängt er an, von seinem Vater zu erzählen, Florians sehr früh verstorbenen Großvater, den er nie kennen gelernt hat. Er erzählt seinem längst erwachsenen Sohn auch von seiner Schulzeit und davon, was für ein schlechter Schüler er war.

Es ist ein sehr privates Gespräch, nicht für mich bestimmt, das mich aber sehr berührt. So unauffällig wie möglich mache ich mir eine Mininotiz auf meinem Mobiltelefon.

Mitte Mai 2018 ist ein, zwei Tage Dreh bei den Thomas zu Hause in Goldegg geplant, wir wollen das saftige Grün an den austreibenden Bäumen im Frühjahr als Kulisse festhalten. Da wir im Winter mit Thomas Noriker Stute Stella im Schnee gedreht hatten, wo sich das Schwarz wunderbar vom Weiß abhebt, kommt jetzt im Frühjahr Erwins zweites Pferd Susi an die Reihe, ein weißes andalusisches Halbblut, das er vor dem Pferdemetzger gerettet hat.

Bergahorn im Karwendelgebirge

Erwin Thoma mit Stute Susi, die er vor dem Schlachthof gerettet hat

Nach einem schönen und sehr erfolgreichen Drehtag passiert Folgendes: Wir stehen noch im Wald und drehen im letzten Licht ein paar Einstellungen ohne Erwin, der in der Zwischenzeit sein Mobiltelefon aktiviert (die Handys müssen beim Drehen vor allem auch aus technischen Gründen immer abgeschaltet sein). Thoma, ein Mann, der ähnlich wie ich, keine besondere Beziehung zur modernen Telekommunikation hat, tätigt einen Rückruf, und während ich ihn aus dem Augenwinkel dabei beobachte, spüre ich, dass es bei diesem Anruf um etwas Besonderes, etwas Substanzielles geht.

Drehschluss, die Geräte werden abgebaut und eingepackt. Ich bitte Felix, unseren Tonmeister, den Soundrecorder, ein Mikrofon und Kopfhörer herzurichten, ich will noch einen Nur-Ton mit Erwin Thoma machen, weil ich im Gefühl habe, da ist noch etwas.

Während der Rückfahrt erzählt mir Erwin, dass seine über neunzigjährige Mutter im Sterben liegt, das war also der Anruf vorhin.

Zurück im Wohnhaus der Thomas frage ich ihn, ob er mir jetzt erzählen will, wie sein Vater auf seinen Berufswunsch Förster reagiert hat. Ohne dass wir je darüber gesprochen haben, willigt er mit einem Kopfnicken ein.

Ich bin nach der Volksschule in das Gymnasium in Zell am See gekommen und war in dieser Schule sehr unglücklich, es war für mich keine schöne Zeit. Mit Müh und Not bin ich durchgekommen und habe nach der vierten Klasse zu meinem Vater gesagt, ich möchte Förster werden. Und dazu hätte ich in die Försterschule nach Bad Vöslau bei Wien gehen müssen, das wäre für die Familie eine große finanzielle Belastung gewesen, noch dazu wo die zwei älteren Brüder schon studiert haben. Und der Vater hat gesagt, du hast so schlechte Noten, dich schicke ich nirgends hin, du kannst zu Hause bleiben und einen Beruf lernen. Wir hatten dann ein ganzes Jahre einen richtigen Kampf, er und ich, bis er dann doch nachgegeben hat und mich noch mit seinem Auto die vierhundert Kilometer nach Bad Vöslau gebracht hat. Da diese höhere Schule so weit weg gewesen ist, bin ich nicht nach Hause gekommen, erst als Semesterferien waren. Ich bin am Bahnhof angekommen, und der Vater hat auf mich gewartet und ich habe das Zeugnis ausgepackt und habe es ihm gezeigt. Ich hatte lauter Einser und war der beste Schüler in der Klasse. Da hat der Vater, der damals schon schwer krank war, das Zeugnis angeschaut und zu weinen begonnen, und wir haben uns umarmt. Ich war ihm so dankbar, dass er mir dieses Vertrauen geschenkt hat und mich in meinen Wald hat gehen lassen. Kurz darauf ist er gestorben.

Diese Aufnahme dauert keine zwei Minuten und ist jetzt fast ohne Schnitt so im fertigen Film. Am Ende der Aufnahme beginne ich zu weinen, was mir in meiner gesamten Filmlaufbahn noch nie passiert ist.

Ich schalte den Soundrecorder aus, und wir bleiben dann noch ein paar Minuten stumm im Raum sitzen.

ZWISCHENTÖNE 6
Begegnungen

Auch in Dharamsala ist alles ganz anders gekommen, als es eigentlich geplant war?

Ja, nachdem Richard Davidson (fern)mündlich zugesagt hatte, das war so im Januar 2018 und es war eine unglaubliche Irrfahrt, wie wir überhaupt zu dieser Zusage gekommen sind, begannen wir unter Hochdruck die Dreharbeiten in Dharamsala vorzubereiten. Wir konnten Praved, einen in Indien geborenen Tonmann, der seit Jahren in Wien lebt, engagieren, damit wir einen »Einheimischen« mit im Team hatten, was immer von Vorteil ist. Dann war klar, dass, wenn dieser Dreh zustande kommt, unser Koproduzent Peter Rommel aus Berlin mitreisen wird, er wollte sich das nicht entgehen lassen.

Der Grund, warum wir überhaupt nach Dharamsala wollten, war ja nicht, weil die tibetische Exilregierung dort ihren Sitz hat und somit der Dalai Lama dort lebt, es waren auch weniger die Mind & Life-Gespräche, der wirkliche Grund war, dass Richard Davidson Anfang der 1990er Jahre als junger Wissenschaftler gemeinsam unter anderem mit Francesco Varela und anderen westlichen Neurowissenschaftlern dort versucht hat, die allerersten Forschungen mit buddhistischen Mönchen durchzuführen. Sie hatten in den USA ein Forschungsbudget von rund 100 000 Dollar erhalten und sind voller Tatendrang losgezogen, ausgestattet mit sehr schwerfälligem Equipment, mit EKG-Messgeräten und Computern der damaligen Generation. Sie kommen also mit ihrem zentnerschweren Gepäck hier an und bitten den für die Wissenschaft sehr offenen Dalai Lama um seine Mithilfe: Sie suchen geschulte Meditierende, also buddhistische Mönche als Probanden.

Tempel des Dalai Lama in Dharamsala

Der Dalai Lama schickt sie in die Berge rund um Dharamsala, und Davidson und seine Kollegen ziehen los. Nach Wochen kommen sie schwer enttäuscht zurück und beschweren sich beim Dalai Lama, dass sich kein einziger der meditierenden Mönche hatte untersuchen lassen. Da fragt der Dalai Lama, was sie denn eigentlich genau untersuchen wollen, und sie antworten, dass sie erforschen wollen, in welchem Zusammenhang Meditation und Depression stehen. Der Dalai Lama schaut die jungen westlichen Wissenschaftler an und fragt nach einer Weile, warum sie denn eigentlich ihre wissenschaftliche Kunst nicht dafür verwenden, um das Gute zu untersuchen und zu erforschen? Und Davidson – so schreibt er es in seinem Buch *The Emotional Life of Your Brain* – fiel es wie Schuppen von den Augen. Auf der Stelle gab er dem Dalai Lama das Versprechen, dass er den Rest seines beruflichen Lebens diesem Rat des Dalai Lamas folgen werde.

Diese Geschichte war der wahre Grund, warum wir mit Davidson in Dharamsala drehen wollten, ich hatte mir ein Szenario ausgedacht, wo er uns diese Geschichte selbst erzählt, und wir dabei, zum Beispiel in einem Taxi, die wirklich sehr steilen Straßen am Rande des Hima-

Mind & Life-Dialogue 2018, Zweiter von links: Richard Davidson

laya hochfahren und dann beim Dalai Lama ankommen. Das war für mich in meiner Vorstellung der Einstieg in den Film, ein renommierter US-amerikanischer Neurowissenschaftler erzählt, wie er auf die Idee gekommen ist, »Mindfulness«, also Achtsamkeit, zu erforschen, und in der Zwischenzeit zu sehr erstaunlichen Ergebnissen gekommen ist, die, um es kurz zusammenzufassen, besagen: Mitgefühl ist trainierbar.

Wir haben einen wirklich großen Aufwand betrieben, um Dr. Davidson zu begegnen, der sich über gut zwei Jahre hinzog, Reisen in die Schweiz und nach Bayern inkludierte, nur um Menschen zu treffen, die Davidson so gut kennen, dass sie ihn persönlich anrufen können. So ist Maria Kluge in unser Leben getreten, die Davidson aus ihrer Zeit in den USA kannte und die ich für das Filmprojekt begeistern konnte. Sie ruft Davidson an, und er sagt zu. Rund drei Monate später fliegen wir, vier Leute aus Wien und zwei aus Berlin, nach Dharamsala und gleich am zweiten Abend gibt es einen Empfang, bei dem uns Dr. Davidson vorgestellt wird und wir für den nächsten Tag einen Termin vereinbaren, zu dem er dann aber nicht erscheint. Es stellt sich heraus, Davidson hat alle Hände voll zu tun und für unser Filmprojekt keinen Kopf.

Ich muss dazu sagen, dass ich der Einzige war, der ein Ticket hatte für diese Konferenz, sprich, ich durfte wirklich ins Innere des Tempels, der für diesen Mind & Life-Austausch zu einer Art Seminarraum umgestaltet worden war. Und in den ersten beiden Tagen durfte ich nicht einmal einen Fotoapparat mit hineinnehmen, es gab strenge Sicherheitsvorkehrungen, die mich zwei Tage lang zum Nichtstun verurteilten, eine von außen erzwungene Drehpause sozusagen. Irgendwie spürte ich sehr bald, dass das mit Dr. Davidson nicht so wird, wie wir uns das wünschen, sodass ich sehr schnell darüber nachdachte, welchen »Ersatz« können wir hier finden.

Es war dann am zweiten Konferenztag, als mich in der ersten Kaffeepause Silvia Wiesmann, jene Bekannte aus Bern, die mich zuerst mit Davidson verbinden wollte, auf eine ältere Dame, die sich sehr im Hintergrund hielt, aufmerksam machte. Das sei die Schwester vom Dalai Lama, sagte sie und stellte mich als einen Filmemacher aus Österreich vor. So ist der Kontakt zu Jetsun Pema entstanden, und ich erkannte sofort, welche Möglichkeit sich da auftut, und noch dazu konnte ich mit ihr direkt sprechen, weil sie sehr gut Englisch spricht. Sie war sofort bereit, sich für den Film zur Verfügung zu stellen.

»NOTHING EXISTS INDEPENDENTLY«

DALAI LAMA UND JETSUN PEMA, REISE NACH DHARAMSALA

»Liebe und Mitgefühl gehören ja nicht einer Religion oder einer säkularen Ethik oder einer Philosophie an, sondern sind etwas, was wir Menschen alle gemeinsam haben wie das Atmen! Atmen ist eine der zentralen Funktionen aller meditativen Übungen und Atmen ist nicht religiös.

Leben ist nicht religiös, lebendig sein ist nicht religiös und lieben ist nicht religiös. Was wir machen ist ja nichts anderes, als uns diesen fundamentalen menschlichen Eigenschaften wieder zuzuwenden, die auch von den großen Religionen als Hauptsäulen definiert wurden. Und warum wurden sie als Hauptsäulen definiert? Weil sie so wahnsinnig wichtig für das menschliche Miteinander sind!«

Tania Singer, Neurowissenschafterin und Empathieforscherin

Wie schon öfter bei diesem Projekt entwickelt sich eine Geschichte völlig anders als es in unserem Drehbuch steht.

Nahezu drei Jahre nach Drehbeginn ist der Teil des Films, in dem wir uns dem Mitgefühl und den inneren Werten annähern wollen, immer noch lückenhaft. Es gibt viel mehr Stolpersteine als Erfolgserlebnisse, doch es kristallisiert sich, nachdem wir selbst sozusagen »durchgeschüttelt« und geprüft worden sind, womöglich eine neue, geeignetere Form heraus, von inneren Werten zu erzählen, als ursprünglich gedacht. Es bewahrheitet sich die schon oft bewährte Maxime: »Letztendlich bekommt der Film, was er braucht.«

Um das Thema Mitgefühl zu fassen, wollten wir renommierte Wissenschaftler treffen, um sie nach ihren Forschungen bezüglich Meditation zu befragen. Eine Odyssee, die uns zwei Jahre vor allem in Sackgassen führte. Diese vergebliche Suche brachte uns schließlich nach Dharamsala zum 33. Mind & Life-Dialogue, einem 1987 vom chilenischen Neuro-Wissenschafter Francesco Varela und dem Dalai Lama ins Leben gerufenen Dialog zwischen östlichem Buddhismus und westlicher Wissenschaft. Dort sollten wir den renommierten US-amerikanischen Hirnforscher Richard Davidson treffen, der uns für Dreharbeiten zur Verfügung stehen wollte. Das hat nicht geklappt.

Immerhin bekommt Erwin nach drei Tagen die Erlaubnis, beim Dialog selbst zu drehen, zwar allein ohne Crew, was die Sache erschwert, aber besser als nichts. Die offizielle Anfrage von uns Wochen zuvor hatte man abgelehnt, weil es ohnehin ein Kamerateam vor Ort gebe.

Kangra Airport im März 2018:

Der kurze Flug vom smogverseuchten Delhi zum rund zwei Flugstunden entfernten Kangra im nordindischen Bundesstaat Himachal Pradesh, das gerade in zauberhafte Frühlingsblüte getaucht ist, erscheint uns als Weg von der städtischen Staubwüste ins Paradies. Die Morgenluft glasklar, in der Ferne leuchten die schneebedeckten Berge des Himalaya, hier unten im Tal blühen Magnolien, Kirschen und eine Vielzahl von Blumen. Fünfzehn Kilometer geht es zum Teil in steilen Serpentinen bergauf ins auf knapp 2000 Höhenmeter gelegene Upper-Dharamsala, in den Ortsteil McLeod Ganj, seit 1960 Sitz der tibetischen Exilregierung und neue Heimat Seiner Heiligkeit des XIV. Dalai Lama nach seiner Flucht aus Lhasa vor nahezu sechs Jahrzehnten.

Hier im Haupttempel werden die diesjährigen Dialoge zum Thema: »Reimagining Human Flourishing« stattfinden.

Unsere Ankunft: genau der 10. März, der Jahrestag des Tibetan Upraising Day. An diesem Tag hatte im März 1959 die tibetische Bevölkerung den Aufstand gegen die chinesischen Invasoren versucht, der brutal niedergeschlagen wurde, was kurze Zeit darauf zur heimlichen Flucht des damals ganz jungen Dalai Lama nach Indien geführt hatte.

Ankunft am Kangra Airport, Erwin Wagenhofer und Koproduzent Peter Rommel mit Annette Loeber

Ohne dass es unser Vorhaben gewesen wäre, sind wir so mit der tragischen Geschichte Tibets und dem vorbildhaft friedvollen Kampf der Tibeter für ihre Freiheit konfrontiert.

Hier oben, in den Ausläufern des westlichen Himalaya, wo schon die englischen Kolonialherren in der Mitte des 19. Jahrhunderts eine »Hill Station«, eine Art Sommerresidenz errichtet hatten, um vor der Hitze des indischen Tieflandes zu fliehen, haben sich mit dem Dalai Lama viele Tausende Exiltibeter angesiedelt, die seit den 1960er Jahren den weiten, beschwerlichen Weg über die höchsten Pässe der Welt auf sich genommen haben, um der chinesischen Repression in ihrer Heimat zu entkommen.

Nehru, der erste Ministerpräsident Indiens, hatte die Tibeter von Anfang an unterstützt, sodass sie sich erst im schon dicht besiedelten Mussoorie, im Bundesstaat Uttarakhand, und kurze Zeit darauf in Dharamsala niederlassen konnten, ein damals eher gering besiedeltes Gebiet. Denn für die indische Regierung war es politisch durchaus nicht unproblematisch, den Dalai Lama mit offenen Armen zu empfangen.

Dharamsala: Blick auf die einfache Tempelanlage des Dalai Lama

Von Beginn an hatte sich der Dalai Lama im Exil, selbst erst vierundzwanzig Jahre jung, intensiv für die vielen geflüchteten tibetischen Kinder eingesetzt, die scharenweise und in oft sehr schlechtem Gesundheitszustand in Dharamsala ankamen, und in sie die meiste Hoffnung gesetzt. So ist hier das größte tibetische Kinderdorf entstanden, das TCV, Tibetan Children's Village.

Und die Kinder sind es auch, denen innerhalb des diesjährigen Dialogs inhaltlich größte Aufmerksamkeit zuteil wird, ist es doch eines der erklärten Hauptziele des Dalai Lama geworden, die Kinder zu stärken, ihnen Werte und Herzensbildung zu vermitteln.

Meine Kinder, je länger ich euch betrachte, desto glücklicher bin ich. Ihr seid die Hoffnung für ein besseres Morgen, und ihr werdet die Schwierigkeiten, die euch erwarten, auch überwinden können. Ihr seid auf der Schwelle zum Leben, ihr müsst mit jedem Tag stärker werden, ohne eure kostbare Zeit zu vergeuden. Ihr seid die Zukunft (Tibets).

Tatsächlich können wir uns sogleich selbst ein Bild von diesem wichtigen Projekt der Exiltibeter machen: Nur wenige Kilometer vom Haupttempel des Dalai Lama entfernt, ist aus alten englischen Pavillons das nunmehr rund 1500 Kinder beherbergende tibetische Kinderdorf entstanden, das von Tsering Dolma, der älteren Schwester des Dalai Lama nach Ankunft in Indien gegründet und nach deren plötzlichem Tod 1964 von der jüngeren Schwester Jetsun Pema, damals vierundzwanzig Jahre, übernommen worden war.

Das Kinderdorf strahlt eine friedliche, freundliche Atmosphäre aus. Anders als rings um die Stadt liegt hier kein Müll an den Wegrändern, alles ist liebevoll gepflegt, auch die Blumengärtchen vor den vielen kleinen Pavillons.

Der Slogan »Come to Learn, Go to Serve« prangt in riesigen Lettern über dem großen Sportplatz. Und wie wir feststellen können, wird dieser Slogan von allen auch sehr ernst genommen.

»Others before self« ist die weitere Devise. Im Lauf der nächsten Tage bemerken wir, dass sich auch die Kleinsten hier bemühen, diese Wertvorstellungen zu erfüllen. Obwohl: Bemühen ist das falsche Wort, einander beizustehen ist vollkommen selbstverständlich in den Tagesablauf aller eingebunden, anders wäre das Zusammenleben hier gar nicht möglich.

Hier im tibetischen Kinderdorf, das auch zu den SOS-Kinderdörfern gehört, galt aufgrund der politischen Situation und der plötzlichen Notlage von Anfang an ein anderer Betreuungsschlüssel als üblicherweise in den Kinderdörfern. Dort kommen durchschnittlich auf eine Pflegemutter höchstens zehn Kinder. Hier muss eine Mutter, tibetisch »Amla«, rund dreißig, manchmal sogar bis zu vierzig Kinder im Alter von fünf bis sechzehn Jahren rund um die Uhr betreuen. Dies wäre ohne die intensive Mithilfe der Kinder selbst ganz und gar nicht möglich. Völlig selbstverständlich sind alle, besonders aber die älteren Kinder, mit vielerlei Hausarbeiten betraut wie Essen vorbereiten, aufräumen, kehren, den Kleineren beim Waschen, Frisieren, Zähneputzen helfen.

Als wir um fünf Uhr morgens ankommen, ist es noch stockdunkel, die kleinen Kinderhäuser sind bereits hell erleuchtet, und am Brunnen stehen die Jüngsten wie die Orgelpfeifen in Reihen zur Morgen-

Um fünf Uhr morgens beginnt der Tag für die Kinder im Tibetan Children's Village

wäsche. In der Zwischenzeit wird in der Küche das Frühstück vorbereitet: Chai, der indische Gewürztee mit viel Milch, und eine dicke Scheibe gedämpftes Brot für jedes Kind.

Bevor das Essen ausgeteilt wird, beginnen die älteren Kinder tibetische Gebete zu rezitieren, bald stimmen alle mit ein, solange, bis alle Kinder in der Eingangshalle ihren Sitzplatz eingenommen haben, die größeren auf Bänken, die kleineren auf Matten am Boden. Eine sichtbar spartanische und zugleich würdevolle Atmosphäre.

Es ist deutlich, dass die ganz Kleinen mit dem strengen Takt, der ihr Leben als Internatsschüler bestimmt, noch nicht ganz mithalten können. Sie wirken noch etwas verloren hier und verträumt, auch eine gewisse Traurigkeit ist nahezu jedem Kind ins Gesicht geschrieben.

Auch wenn wir die einzelnen Geschichten der Kinder nicht kennen, wissen wir, dass alle hier bereits Schweres erdulden mussten, viele haben ihre Eltern verloren oder sind dauerhaft von ihnen getrennt, ohne zu wissen, ob sie sie je wiedersehen werden. Nahezu jedes Kind hier hat traumatische Erfahrungen gemacht, denen die BetreuerInnen und LehrerInnen, so gut es eben geht, begegnen.

Auf Besuch in einem der Familien-Häuser im TCV

Einige Kinder teilen flink das bescheidene Frühstück aus, und wer will, bekommt auch noch einen Löffel Marmelade auf das frisch gedämpfte Brot.

Zuletzt setzt sich die Pflegemutter in die Runde. Nun ist der Kreis komplett. Das gemeinsame Essen wird zwar kurz, doch in feierlicher Andacht zelebriert.

Nach einem tibetischen Dankesgebet beginnen schon die Ersten die Tassen für den Abwasch einzusammeln, da die Morgenstunden streng getaktet sind. Andere drängeln ins Freie, um sich am Brunnen die Zähne zu putzen, die kleinen Mädchen warten am Vorplatz, um von älteren »Schwestern« oder von Amla frisiert zu werden, die Buben mit ihren Kurzhaarfrisuren nützen die kurze freie Zeit, um mit einem »Fetzenball« Fußball zu spielen. Eine weitere Kinderschar räumt alle Bänke in der Eingangshalle zur Seite und beginnt zu kehren und den Boden zu wischen. Als Bodenwischer dienen lange Stecken, an denen zerschlissene Kinderpullover als Lappen befestigt sind. Alles geht unheimlich rasch, wenn wir uns einer Szenerie widmen, haben wir bereits drei weitere wichtige Momente versäumt.

Die Kinder stellen sich wie die Orgelpfeifen zum Zähneputzen an

Dann kommt die Sonne hinter dem Berg hervor. Es ist kurz nach sieben Uhr morgens, und wer von den Kindern seine Aufgabe erledigt hat, ist froh, noch fünfzehn Minuten spielen zu können, bevor in den Klassenzimmern das morgendliche Rezitieren von tibetischen Gebetstexten unter Aufsicht der Mönche beginnt.

Amla wirft ein prüfendes Auge auf alle Aktivitäten. Ihrer großen Familie steht sie mit Rat und Tat zur Verfügung, sie ist die Autorität, nach der sich alle richten. Sie erzählt uns später, dass sie erst vor Jahren hierher gezogen sei, um ihren beiden eigenen Töchtern den Besuch in der tibetischen Schule zu ermöglichen. Aus diesem Grund habe sie die Stelle angenommen. Mittlerweile sind ihre eigenen Kinder erwachsen und studieren, doch sie ist immer noch hier, hätte sie doch in ihrem Dorf nahe Bombay keine Arbeitsmöglichkeit. Außerdem will sie ihren Schützlingen die Trennung von ihrer wichtigsten Bezugsperson ersparen. Pflegemutter zu sein ist eine höchst verantwortungsvolle Aufgabe, die von Tsering Dolma sehr ernst genommen wird, einer Tibeterin, die bereits im Exil in Indien geboren ist. Ihre Eltern waren unter den ersten tibetischen Geflüchteten gewesen.

Tsering Dolma, eine Pflegemutter im TCV betreut in ihrem Haus mehr als 30 Kinder

Mit ihr können wir uns bloß mithilfe des Verwaltungsbeamten unterhalten, der unseren Drehtag begleitet, denn sie spricht kein Englisch. Im TCV ist Tibetisch die erste Sprache, da es eines der wichtigsten Anliegen der Schulen im Exil ist, die tibetische Kultur zu bewahren. In der tibetischen Heimat wird von den Chinesen mit allen Mitteln die tibetische Sprache und Kultur unterdrückt und verunglimpft, um sie durch die Han-Kultur zu ersetzen.

Für Tibeter hier in Nordindien, aber auch anderswo, bietet so das Exil die einzige Möglichkeit, die tibetische Sprache und Kultur und Lebensart weiter zu pflegen, damit sie nicht in Vergessenheit gerät. Das ist auch der Grund, weshalb oft verzweifelte Eltern in Tibet die für uns kaum vorstellbare Entscheidung getroffen haben, ihre kleinen oder größeren Kinder im Winter, da dann mit weniger Kontrollen der Chinesen zu rechnen ist, mit Schleppern auf den weiten, gefährlichen Weg über die hohen Pässe ins ferne Nepal oder nach Indien zu schicken, in der Hoffnung, dass sie dort als freie Tibeter aufwachsen können.

Obwohl hier in Dharamsala viele unterschiedliche Volksgruppen wie Inder, Tibeter, Nepalesen und andere Völker aus allen Himalaja-

Eingang zum Tempel des Dalai Lama

staaten aufeinandertreffen und miteinander leben, ist im Ort eine friedliche, ganz besondere Stimmung spürbar. Das Zentrum ist der am Ortseingang gelegene buddhistische Tempel und der Sitz Seiner Heiligkeit des Dalai Lama.

Jetsun Pema, die Schwester des Dalai Lama ist davon überzeugt: Wäre 1959 nicht die Flucht Seiner Heiligkeit und seiner Gefolgschaft geglückt, hätten die Chinesen ihn gefangen genommen und verschleppt, und Tibet als eigener Staat wäre von der Landkarte verschwunden. Vor allem aber hätte die tibetische Bevölkerung, sei es im okkupierten Tibet oder im Exil, nicht ihre Leuchtfigur, die sie stets aufs Neue ermutigt, friedlich für ihre Rechte einzutreten und friedlich Widerstand zu leisten. Für dieses unermüdliche Engagement hat der Dalai Lama 1989 den Friedensnobelpreis erhalten.

Welche Bedeutung der Dalai Lama für die Menschen, ob jung oder alt, hat, können wir in diesen Tagen jeden Morgen kurz vor Beginn des Dialogs erahnen. Um halbneun Uhr warten bereits Hunderte in dichten Reihen auf ihn. Seine Präsenz und sein wohlwollendes Lächeln ermutigen die Menschen, sorgen für unverfälschte Freude und einen Hauch von Glückseligkeit, die auch wir spüren, obwohl wir hier fremd sind.

Aum Weg zu den Dialogen wird der Dalai Lama von zahlreichen Menschen umringt

Als wir später an diesem Tag die tibetische Schule besuchen und uns Loten, der für Besucher zuständige Beamte, herumführt, berichtet er von den früheren großen Flüchtlingskarawanen durch Eis und Schnee, die unzählige Kinder über die hohen Pässe brachten, die hier oft halb erfroren ankamen, und niemand von uns kann die Tränen zurückhalten, die diese Erzählungen hervorrufen. Trotzdem ist hier im Kinderdorf eine fröhliche Stimmung allgegenwärtig, das ist das Erstaunliche! Jeder hier weiß, wofür es sich einzusetzen lohnt. Jedes Kind ist tief verwurzelt in dieser Gemeinschaft.

Rund 130 000 Tibeter leben im Exil, die meisten, rund 100 000, in Indien, 20 000 im angrenzenden Nepal, 2000 in Bhutan, 2000 in der Schweiz, die von Beginn der Okkupation an viele Tibeter aufgenommen hat. Wir als Österreicher werden von den Tibetern sogleich als verbündete Freunde aufgenommen, da sie durch den SOS-Kinderdorf-Begründer Hermann Gmeiner große Unterstützung erfahren haben, und auch der österreichische Bergsteiger und Forscher Heinrich Harrer ein naher Freund des Dalai Lama und auch des tibetischen Volkes gewesen war.

Der Gemeinschaft von rund zweitausend Kindern hatte Jetsun Pema nach dem Tod ihrer Schwester ihr zweiundvierzigjähriges Berufsleben verschrieben. Seit 2005 ist sie zwar offiziell im Ruhestand und hat die Schulleitung übergeben, doch sie engagiert sich weiter für ihre tibetischen Schützlinge, indem sie ihre internationalen Kontakte nutzt und Fundraising betreibt.

Wir lernen Jetsun Pema am Rande des Dialogs kennen, den sie wie viele Tibeter außerhalb des Tempelraums sitzend am Bildschirm mitverfolgt. Hier kann sich jeder niederlassen und den Vorträgen und Gesprächen lauschen, man muss sich bloß zuvor einer gewissen Sicherheitskontrolle unterziehen, die besonders streng ist, wenn der Dalai Lama persönlich anwesend ist.

Als sich abzeichnet, dass die geplanten Dreharbeiten mit dem Wissenschaftler nicht zustande kommen, entsteht die Idee, Jetsun Pema und das tibetische Kinderdorf in den Film aufzunehmen. So verabreden wir uns mit der Schwester des Dalai Lama, sobald die Dialoge zu Ende sind.

Im Tempelraum selbst sind nur rund zweihundert geladene Gäste zugelassen, zum einen tibetische Mönche, zum anderen US-amerikanische Wissenschaftler bzw. Unterstützer des Mind & Life-Institutes, die alle am ersten Morgen mit Spannung die Ankunft des betagten, doch im Geiste so frischen 14. Dalai Lama, erwarten.

Ich bin ein buddhistischer Mönch, 82 Jahre alt.

Unser Treffen mit Wissenschaftlern dient von Anfang an zwei Zielen. Erstens: unser Wissen auszudehnen.

Nun der zweite Aspekt: Man mag denken, Jahrhundert für Jahrhundert hätte sich die Zivilisation weiterentwickelt. Das bezweifle ich!

Technologien, Maschinen, in diesem Bereich ja. Auf demselben Planeten richtet dieselbe Menschheit Massaker an! In Syrien, Jemen und in einigen afrikanischen Staaten.

Dieselbe Menschheit! Das liegt an manchen Führern und deren Interessen – denen sind Tausende Menschenleben egal, auch das von Kindern.

Wir sind nicht auf diesem Planeten geboren, um immer mehr Probleme zu schaffen, nein, gewiss nicht!

Über sechzig Jahre lang habe ich mir intensiv Gedanken gemacht, den ganzen Tag lang, und noch andere Übungen praktiziert. Und die Schlüsselerkenntnis ist zu verstehen:

Nichts existiert unabhängig.

Dalai Lama

Unter all den hochkarätigen Wissenschaftern und auch buddhistischen Würdenträgern ist eindeutig Tenzin Gyatso, so der Mönchsname des Dalai Lama, die Autorität, die unbeirrt die deutlichste Sprache spricht:

In der heutigen Welt sind viele Probleme von uns selbst gemacht. Weil wir eine Unterteilung machen: ›Wir‹ und ›die Anderen‹.

Und manchmal versucht man wirklich den anderen Probleme zu bereiten, anstatt sich unter Brüdern, unter Menschen, zu helfen.

Der Dalai Lama leitet die Dialoge mit humorvoller Autorität

Auch wenn er nur gebrochenes Englisch spricht, haben seine Worte eine große Wirkung. Alle im Raum verstummen. Immer wieder greift das Oberhaupt der Tibeter auf seine Muttersprache zurück, um sich nicht nur an die internationale Zuhörerschaft, sondern besonders klar auch an seine eigenen Landsleute zu wenden. Die Gespräche werden aufgezeichnet und können per Live-Stream im Internet verfolgt werden, sind aber auch danach im Netz jederzeit abrufbar.

Also ich denke, es gibt Anlass zur Hoffnung, denn die negativen Gefühle können reduziert werden. Ich glaube, all diese Unruhestifter wollten, als sie klein waren, fünf Jahre vielleicht, einfach nur die Zuwendung ihrer Mutter. Sie waren glücklich, wenn sie mit anderen Kindern spielten. Sie fragten nie, wo deren Familie herkam, was ihr Glaube war, welche Nationalität sie hatten. Sie fragten nie danach! Also, die Ebenbürtigkeit unter Menschen ist ausgeprägt lebendig, wenn man sehr jung ist. Dann kommt die sogenannte Bildung: Ah, du bist Buddhist, du bist Christ, du bist Muslim. Du bist dunkel, gehörst zu dieser Nation, jener Nation.
Ich glaube, manchmal schafft Bildung mehr Probleme als sie löst! Das aktuelle Schulsystem orientiert sich zu stark an materiellen Werten. Das

Adler kreisen hoch über den Bergen, den Vorläufern des Himalaya

sind äußerliche Werte. Das System kümmert sich nicht um unsere innere Welt, nur um die äußere Welt. Diese Art von Bildung fixiert eine ganze Generation auf materialistisches Denken, ein materialistisches Leben, eine materialistische Kultur.

Glück ist der wahre Sinn unseres Lebens. Die materialistische Form kennt nur die sensorielle Wahrnehmung: etwas Schönes sehen, schmecken, riechen, berühren, auch Sex. Das sind kurzlebige Glücksmomente. Das langlebige Glück muss auf geistiger Ebene entwickelt werden.

Obwohl der Dalai Lama auch als geistliches Oberhaupt des tibetischen Buddhismus gilt und von seiner Kindheit an von Mönchen eine streng religiöse Erziehung erfahren hatte, wird er selbst nicht müde, immer wieder auf die spaltende Wirkung der Religionen hinzuweisen und, als Erkenntnis daraus, eine säkulare, eine universelle Ethik zu propagieren. Sein Appell an die jungen Menschen lautet: Seid Rebellen des Friedens und beginnt eine Revolution des Mitgefühls!

Ich glaube, wir Menschen beten zu Gott, zu Buddha, seit über tausend Jahren. Das Ergebnis ist nicht sehr bedeutsam! Buddha, Buddha, Buddha!

Tempelterrassen

*Ich vertraue nicht auf Buddha. Natürlich, das individuelle Praktizie-
ren ist gut, aber für die ganze Gesellschaft, die ganze Welt, da glaube ich
nicht, dass Buddha helfen kann. Ich glaube es nicht. Das ist nur Zeitver-
schwendung! Sorry, sorry, sorry, sorry, sorry ...*

... entschuldigt sich der hohe geistliche Würdenträger an die zahl-
reich anwesenden Mönchen gewandt. Trotz der ernsten und auch be-
drückenden Gegebenheiten in der Welt gelingt es dem Dalai Lama
immer wieder, die Stimmung durch seinen Humor aufzulockern und
Fröhlichkeit und Leichtigkeit zu versprühen, die alle Anwesenden
ansteckt.

Während Erwin im Haupttempel die Dialoge aufnimmt, lausche
ich als Zaungast der Veranstaltung draußen an den zahlreichen Mo-
nitoren wie viele andere Zuhörer und schließe mich zwischendurch
meditativen Rundgängen um den Tempel an, sobald die Ausführungen der Wissenschafter zu langatmig werden.

Hier sind zahlreiche aus aller Welt angereiste PilgerInnen anzutref-
fen, TibeterInnen, die hingebungsvoll die traditionellen tibetischen

Affen auf Beutejagd in den Mülltonnen des Tempels

Niederwerfungen praktizieren, alte Menschen, die Gebete murmelnd den Rundgang entlangschlurfen und die Gebetsmühlen drehen. Auf den aufgespannten Baldachinen und den umstehenden hohen Bäumen tummelt sich eine Affenhorde, die den Ablauf der Dialog-Tage genau zu kennen scheint: Sobald eine Imbisspause zu Ende geht und alle TeilnehmerInnen im Inneren des Tempelraumes verschwunden sind, springen die mutigen von ihnen sogleich herab auf die Terrassen, wo die Mülleimer stehen, werfen sie um, um die essbaren Reste zu ergattern, und springen mit der kostbaren Beute rasch wieder auf den nächsten Ast. Dort fressen sie in Ruhe, was die Teilnehmer übrig gelassen haben.

Sie werden wohlwollend geduldet, da schon jedes tibetische Kind lernt, Mitgefühl mit allen fühlenden Wesen zu praktizieren. Jeder Wurm, der sich auf eine Straße verirrt, wird liebevoll gerettet. Heinrich Harrer berichtet in seinen Büchern über Tibet, wie langwierig sich im traditionellen Tibet Bauarbeiten gestalteten, da die Arbeiter mit jeder Schaufel Erde unzählige Käfer und Asseln vor dem Tod retten mussten. Ein Vorankommen war daher nur schwer möglich.

Dies mag für unsere Ohren seltsam klingen, doch wie hart muss es diese friedliebenden Menschen getroffen haben, als die Chinesen mit ihrer Repressionsmaschinerie einmarschierten und ihre Kultur des Mitgefühls mit Füßen traten? Nichtsdestotrotz ist der Dalai Lama, ist der Großteil der Tibeter nicht gewillt, von dieser friedvollen Kultur abzuweichen. Trotz schlimmster Menschenrechtsverletzungen und Gewalt durch die Chinesen appelliert Kundun, so ein Ehrentitel des Dalai Lama, der verehrungswürdige Anwesenheit bedeutet, stets für Gewaltlosigkeit, für Mitgefühl auch für die Aggressoren. Nur so kann Frieden in die Welt kommen, ist der Dalai Lama überzeugt:

Auf jeden Fall ist jetzt die Zeit gekommen, über die Menschheit nachzudenken! Nicht über meine Nation oder jene Nation! Es ist spürbar, dass es veraltet ist, zu viel Gewicht auf meine Nation, deren Nation oder meine Religion, ihre Religion zu legen.

Unsere Umwelt zeigt uns jetzt deutlich: Ihr sieben Milliarden Menschen solltet wie eine kleine Gemeinschaft leben! Nicht so sehr nachdenken über das nächste Leben, ob nun im Himmel oder im Nirvana. Es zählt einfach nur das tägliche Leben! Ein gelassener, ein glücklicher Mensch verbreitet diese Gelassenheit, dieses Glück, teilt er mit anderen, und so werden erst 10, dann 100, dann 10 000, dann 100 000 davon angesteckt ... so kann man die Denk- und Lebensweise der Menschheit verändern, nicht wahr?

Erst hier vor Ort wird uns klar, dass nicht, wie ursprünglich geplant, ein westlicher Wissenschafter dem Publikum die Bedeutsamkeit und Wichtigkeit von Mitgefühl, von einer neuen Ausrichtung auch auf innere Werte nahebringen kann, es ist der Dalai Lama selbst, der diese Botschaft mit überzeugender Deutlichkeit und Dringlichkeit zum Ausdruck bringt.

Seine natürliche Autorität und sein Charisma ziehen alle Anwesenden in Bann und ganz besonders berührt die Herzenswärme, die er ausstrahlt. Am Tag unserer Abreise können wir das nochmals erleben: Die Dialoge sind seit Tagen beendet, und wir warten an einem Gewittermorgen am Flughafen Kangra auf die wegen des schlechten Wetters verspätete Propellermaschine aus Delhi. Als sie schließlich

Gebetsfahnen in den Wäldern über Dharamsala, wo viele Einsiedlermönche leben

landet, steigt eine kleine Gruppe von Mönchen gefolgt vom Dalai Lama aus, und alle Menschen in der Abflughalle strömen zur Glaswand, die uns vom Flugfeld trennt, um ihm zuzuwinken. Dieser erwidert lächelnd den Gruß, und in diesem Moment geht eine Welle an Wärme und Berührtheit durch alle Anwesenden, der sich sichtlich keiner entziehen kann. Nahezu allen hier fließen Tränen des Gerührtseins aus den Augen, Menschen umarmen einander, es ist, als hätte ein Funken an Licht alle und alles verzaubert für einen Moment, der noch lange nachhallt ...

Zurück in Europa sind wir noch wochenlang geprägt von den Eindrücken aus Dharamsala. Wir sind auf ganz neue Weise inspiriert, und obwohl so vieles, was wir vorhatten, eigentlich nicht geglückt ist, fühlen wir uns reich beschenkt und ermutigt, weiterhin an ein Projekt zu glauben, das uns nach wie vor sehr auf die Probe stellt, weil es sich nicht planen und organisieren lässt, wie wir uns das ausgedacht hatten. Im Gegenteil, es folgt seinem eigenen Rhythmus, den eigenen (uns viel zu langen!) Zeitläufen, denen wir uns unterzuordnen haben, ob wir wollen oder nicht.

Dharamsala im März 2018

Was ist nicht geglückt? Nun, wir wollten mit einem renommierten Hirnforscher drehen, was nicht klappte. In Dharamsala hatten wir stattdessen mit Jetsun Pema, der Schwester des Dalai Lamas vereinbart, dass sie uns im Tibetischen Children's Village treffen würde, damit wir dort vor Ort mit ihr drehen könnten.

Am vereinbarten Tag drehten wir dort ab fünf Uhr morgens mit den Kindern, erwarteten um neun Uhr Jetsun Pema, auch der Schuldirektor hatte sich mit einer Kata, dem traditionellen tibetischen Begrüßungsschaal, aufgestellt, um die ehemalige Schulleiterin ehrwürdig zu empfangen, doch sie kam nicht. Nach langem Warten stellte sich heraus, dass Jetsun Pema erkrankt war und vor unserer Abreise kein Treffen mit ihr mehr möglich sein würde.

Für uns wieder eine große Enttäuschung. Wir waren nicht sicher, ob sich so überhaupt etwas von unserem hier gedrehten Material verwenden ließe, da immer wieder die entscheidenden Puzzleteile zu fehlen schienen.

Zurück in Wien begannen wir umgehend, eine weitere Reise nach Dharamsala zu planen, um doch noch Jetsun Pema treffen zu können. Schließlich baten wir den ins österreichische Tibetzentrum ent-

Wir treffen Jetsun Pema im österreichischen Tibetzentrum in Knappenberg

sandten Lama Gesche Tenzin Dhargye um Unterstützung, und wir konnten Jetsun Pema schließlich vor Ort treffen, da sie in diesem Jahr ohnehin noch das Tibetzentrum in Knappenberg besuchte, um als Ehrengast dessen zehnjähriges Bestehen mit zu zelebrieren.

Die jüngste Schwester des Dalai Lama war 1940 in Lhasa als vierzehntes Kind von Diki Tsering, die insgesamt sechzehn Kinder zur Welt brachte, geboren worden und ihr erst fünfjähriger bereits inthronisierter Bruder gab ihr den Namen Jetsun Pema, was übersetzt tugendhafter Lotos bedeutet.

Völlig anders als ihr als Dalai Lama inkarnierter Bruder, der schon in jungen Jahren den strengen Unterweisungen im Potala genügen musste, konnte sie im Elternhaus in Lhasa eine gänzlich unbeschwerte Kindheit erleben, wie sie ausführlich in ihrer Biografie berichtet.

Ihr hervorragendes Englisch, das uns im Gespräch in Knappenberg erlaubt, ganz ohne Dolmetscher auszukommen, verdankt sie ihrer langjährigen Internatszeit in einer katholischen Klosterschule in Indien, die sie ab dem neunten Lebensjahr besuchte, sowie nachfolgenden Studienjahren in Europa.

Die Wissenschaft hat bewiesen, dass wir glücklich und freundlich geboren werden. Und irgendwo werden diese Freundlichkeit und dieses Glück von der Umgebung, in der man lebt, zerstört.

Mein Name ist Jetsun Pema, und ich lebe in Dharamsala. Ich erinnere mich, als ich sechzehn Jahre alt war, beschloss ich, die tibetischen Kinder und Jugendlichen zu betreuen, für das Tibetische Kinderdorf zu arbeiten. Die Schwester Seiner Heiligkeit, des Dalai Lama, zu sein, ist ein großes Privileg, glaube ich, und auch eine große Verantwortung.

Dieser Verantwortung ist Jetsun Pema schon von ihrem Jugendalter an nachgekommen, wird ihr doch spätestens in den 1950er Jahren beim Einmarsch der Chinesen nach Tibet klar, als sie schon im Internat in Indien lebt, fern von ihrer Familie in Lhasa, in welch großer Bedrängnis sich nicht nur ihre Familie, ihr ganzes Land, sondern ganz besonders auch ihr Bruder, der Dalai Lama befindet, den sie im Übrigen von Kindheit an als »Seine Heiligkeit« wahrnimmt, niemals anders, wie sie betont.

So bemüht sie sich, ihre Schule, ihre Studien jeweils so rasch und gut wie möglich abzuschließen, um möglichst bald in den Dienst Tibets und des Dalai Lama treten zu können. Dies geschieht viel rascher, als ihr lieb ist, als ihre deutlich ältere Schwester Tsering Dolma, die sich seit der ersten Flüchtlingswelle der Tibeter um die tibetischen Kinder gekümmert hatte, so schwer erkrankt, dass Jetsun vorübergehend ihre Aufgabe im tibetischen Kinderdorf übernehmen muss. Kurze Zeit später aber wird durch den Tod der Schwester diese vorübergehende Tätigkeit zur Lebensaufgabe von Jetsun Pema. Sie erzählt in ihrer Autobiografie, dass auch ihr in der Zusammenarbeit mit den unterschiedlichen Menschen im TCV komplexe Beziehungsprobleme zu schaffen machten, über die sie sich häufig mit seiner Heiligkeit besprach, um sich Rat geben zu lassen. Dieser beschwichtigte sie stets, »indem er sagte, wenn jeder darauf bedacht wäre, seine Kraft für das Gelingen einer guten Sache einzusetzen und es nichts an ihm zu beanstanden gäbe, wäre unsere Existenz nicht gerechtfertigt, wären wir nicht von dieser Welt.« (Jetsun Pema: *Zeit der Drachen*, S. 45)

Ich glaube, die Menschen verlieren ihre Menschlichkeit, eine Art menschliches Gefühl für andere: Alle sind auf sich selbst bezogen, ich muss der Beste sein, ich muss dies erreichen, ich muss jenes haben. Die Menschen finden sich selbst nicht, sie leben nur nach außen hin, nicht nach innen gewandt. Wie kann man also nach Innen blicken?

Man kann nicht in ein Einkaufszentrum gehen und Glück kaufen, das lässt sich dort nicht finden. Es lässt sich nicht kaufen. Wie kann man Vertrauen kaufen? Es geht nicht! Das alles kommt von innen, du selbst bist es, der das entwickeln muss. Also ich glaube, dass man eine Umgebung schaffen muss, die günstig dafür ist. Und wenn die Umgebung nicht da ist, dann muss man schon eine sehr starke Person sein, um all dem wirklich zu widerstehen.

Als wir die fast achtzigjährige Dame, wie immer in tibetischer Tradition schlicht und äußerst elegant gekleidet, in Knappenberg treffen, wirkt sie in ihrer jugendlichen Frische beinahe zehn Jahre jünger und macht einen freundlichen und zugleich resoluten Eindruck, der auch deutlich im Gespräch zum Ausdruck kommt.

Wenn man sich selbst kennt und eine innere Vision hat, eine Art, sich selbst zu verstehen, dann glaube ich, ist man mit allem im Reinen.

Man muss keinen Konkurrenzkampf mit den Nachbarn führen, nicht in der Schulklasse und auch nicht in der Arbeit. Und ich glaube, das ist etwas, was man nur erreichen kann, wenn man seine Denkweise verändert, das Bewusstsein verändert. Es ist schwierig, klar. Es ist leichter gesagt als getan. Aber wenn man es kann, wenn man einfach anfängt, das zu machen, nimmt man jeden Tag so, wie er kommt – und in meinem Alter weiß man, wie es geht, glaube ich. Ich versuche jedenfalls mein Bestes.

EPILOG
Wandel ist das Gegenteil von Kämpfen

Während der über vierzehn Monaten dauernden Schnittzeit konnten wir eines Tages das Fenster des Schneideraums kaum mehr öffnen. Nicht wegen der Hitze der Großstadt, sondern wegen des Lärms der Klimaanlagen, die eine nach der anderen im Lichthof aufgebaut wurden. Bei offenem Fenster war an ein konzentriertes Arbeiten nicht zu denken.

Die unerträgliche Hitze wird mit einem »Mehr« an Technik bekämpft, was wiederrum eine Steigerung an Energieverbrauch zur Folge hat. Die Menschheit hat aber noch keinen Kampf gewonnen, denn immer wenn wir in den Kampfmodus verfallen, tut das unser vermeintlicher Gegner auch. Weder der Kampf gegen den Krebs noch der gegen Drogen oder Terror ist besonders erfolgreich.

Wir sind denkende, fühlende und soziale Wesen, die miteinander in Verbindung, in Beziehung stehen. Ebenso stehen wir mit unserer Umwelt, mit der Natur, mit dem Planeten Erde in einer Beziehung, ja, es geht gar nicht anders. Von der Qualität dieser Beziehungen hängt unser Schicksal ab, und in einer begrenzten Welt kann vor allem nur eines wachsen, eben diese Beziehungsqualität.

Wir sind lebendige Wesen in einer lebendigen Welt, die trotz aller Gemeinsamkeiten unterschiedlich sind. Jede und jeder von uns hat spezielle Fähigkeiten, die es zu entwickeln gilt, um ein Zusammenspiel zu ermöglichen, das den Herausforderungen, die vor uns stehen positiv zu begegnen imstande ist. Es ist wie bei einem musikalischen Erlebnis, wo das Ganze mehr ist als die Summe der einzelnen Teile, der einzelnen Stimmen und Instrumente. So etwa kann man das Lebendige definieren, wo das Vertrauen in die Kooperation im Zentrum steht. Was dabei herauskommt, ist nicht so wichtig, solange Vertrauen als Basis vorhanden ist (wie Mario Rom an einer Stelle im Film so schön anmerkt).

Diesem Geheimnis einer sich selbst organisierenden Welt und ihren kreativen Geschöpfen waren wir mit unserem Projekt *But Beautiful* gefolgt. Von Anfang an war uns dabei klar, dass dort, wo Licht ist, auch ein Schatten lauert und dieser Schatten immanenter Teil des Lichtes ist. Es ging uns nicht um die Debatte, ob das Glas nun halbleer oder halbvoll ist, sondern das grundsätzliche Vertrauen zu stärken, dass für alle genug da ist, denn die Grundlage der Welt ist nicht materiell, sondern geistig.

Die Wirklichkeit ist ein immaterielles Beziehungsgefüge, das außergewöhnliche Persönlichkeiten wie Werner Heisenberg, Erwin Schrödinger, Niels Bohr oder Albert Einstein und andere vor gut einem Jahrhundert wissenschaftlich nachweisen konnten. Mensch und Natur sind nach Auffassung der neuen Physik nicht getrennt und die Schöpfung ist nicht abgeschlossen, sondern sie ereignet sich in jedem Augenblick neu und wir sind als Teilhabende mit dabei.

Alles was wir dabei tun oder auch nicht tun, hat Auswirkungen auf das Ganze und daraus erwächst uns eine Verantwortung für die Bewahrung der Welt. Wenn wir das einmal erkannt haben, wird klar, dass wir nicht so weitermachen können wie bisher.

Den Leuten, denen wir während der letzten fünf Jahre im Zuge dieses Projektes begegnen durften, ist das klar geworden, entweder rational oder emotional, oder in einer Mischung davon. Sie haben sich auf jeden Fall auf den Weg gemacht und in ihrer Vorwärtsbewegung nicht mehr aufhalten lassen. Ihr Weg war nicht immer nur »beautiful« und sehr oft kamen sie auch an ein »but«, welches sie aber nicht stoppen konnte. Vielleicht ist so der Spruch zu interpretieren: Der Glaube versetzt Berge.

There is always a confusion between spirituality and religion. So therefore spirituality became a really bad connotation.

Kenny Werner

Wenn es einen zentralen Begriff für wirkliche Spiritualität gibt, dann ist dieser die Liebe. Liebe hat bekanntlich wenig mit Religion zu tun.

Wirkliche Spiritualität gibt uns Werkzeuge in die Hand, sowohl in schöne wie auch in schwierige Zeiten zu gehen und eine Lösung der Probleme und Herausforderungen zu suchen, anstatt sich von den Problemen abzuwenden. Spiritualität bedeutet, sich nicht über religiöse Identitäten zu streiten, sondern Wahrhaftigkeit in sich selbst zu finden und so eine viel tiefere Selbstverantwortung annehmen zu können. So wären wir selbst in der Lage, unseren eigenen Schwierigkeiten und Hindernissen in uns tiefer zu begegnen und damit zu lösen und nicht die Herausforderungen im Außen abzuwerten und die Probleme im Außen zu sehen. Eine Änderung der Haltung, des Bewusstseins führt dazu, uns selbst wieder besser kennenzulernen und zu verstehen, dass viel vom Gefühl des Ausgrenzens zuerst einmal in uns selbst passiert, und wir dieses Ausgrenzen dann auf die Welt oder unsere Umwelt projizieren.

Krachend fällt der Baum, still wächst der Wald, besagt ein altes tibetisches Sprichwort. Es sollte uns Mut machen, die Welt so mitzugestalten, dass sie eine Zukunft hat, denn die Wirklichkeit ist keine unveränderbare Realität. Es gibt so viele wunderbare Menschen auf dieser Welt und wegen der paar Verrückten, die es krachen lassen und derzeit die Geschicke der Welt lenken, werden wir nicht bereit sein, die Zukunft der Menschheit und das Leben auf unserem schönen, blauen Planeten zu opfern.

Die Abweichung ist nicht der gute Mensch, es ist der schlechte Mensch, sagt Tenzin Gyatso seine Heiligkeit der 14. Dalai Lama.

Der Wald wächst leise, aber unaufhaltsam und wir wachsen mit.

LITERATUR- UND QUELLENVERZEICHNIS

Prolog
- Sir Ken Robinson, Lou Aronica: *In meinem Element. Wie wir von erfolgreichen Menschen lernen können, unser Potential zu entdecken,* Goldmann, München 2010
  Original: *The Element. How Finding Your Passion Changes Everything,* Penguin Books 2009
- S. 8: Zitat aus Sir Ken Robinsons Rede *Changing Education Paradigms* anlässlich der Verleihung der Benjamin-Franklin-Medaille, RSA, London 2008; http://www.youtube.com/watch?v=mCbdS4hSaos
- Filme:
  Erwin Wagenhofer: We Feed The World, 2005 | Let's make Money, 2008 | Alphabet, 2013

Vorgeschichte
- Dyer, Geoff: *But Beautiful. Ein Buch über Jazz,* S. Fischer Verlag, Frankfurt am Main 2003
- Barfuss, Thomas / Jehle, Peter: *Antonio Gramsci. Zur Einführung.* Junius Verlag, Hamburg 2014
- His Holiness the Dalai Lama & Archbishop Desmond Tutu & Douglas Abrahams: *The Book of Joy.* Penguin Random House, UK 2016

Kenny Werner
- https://kennywerner.com
- Werner Kenny: *Effortless Mastery. Liberating the master musician within,* Jamey Aebersold Jazz, New Albany 1996
- CD: Miles Davis: *in a silent way,* NY, Columbia Records 1969
- CD: Kenny Werner: *The Melody, Germany,* Pirouet Records 2015
- CD: Kenny Werner, *The Space,* Germany, Pirouet Records 2018

Zwischentöne 1
- Hüther, Gerald / Spannbauer, Christa (Hrsg.): *Connectedness. Warum wir ein neues Weltbild brauchen.* Hans Huber Verlag, Hogrefe AG Bern 2012

Barefoot College
- https://www.barefootcollege.org/about/
- Singer, Tania / Ricard, Matthieu: *Mitgefühl in der Wirtschaft. Ein bahnbrechender Forschungsbericht.* Albrecht Knaus Verlag, München 2015
- Wolfgang Scheffler: http://www.solare-bruecke.org/index.php/de/

Mario Roms Interzone
- http://www.mr-interzone.at
- CD: *Nothing is true,* Laub Records 2012
- CD: *Everything is permitted,* Traumton Records 2015
- CD: *Truth is simple to consume,* Traumton Records 2017

Permakultur als Haltung
- http://www.matricultura.org
- Baumpatenschaften: http://www.matricultura.org/volaryplantar_arboles. html
- Fukuoka, Masanobu: *Der Große Weg hat kein Tor.* Pala Verlag, Darmstadt 2013
- Mollison, Bill: *Handbuch der Permakultur-Gestaltung, Permakultur-Akademie im Alpenraum;* Auflage: 1., Auflage März 2010
- Mollison, Bill: *Permakultur Konkret. Entwürfe für eine ökologische Zukunft.* Pala Verlag, Darmstadt 1989, 3. Aktualisierte Auflage 2009

Lucia Pulido
- http://www.luciapulido.com/html/
- CD: *Waning Moon – Luna Menguante,* 2008
- CD: *Por esos caminos – Journeying,* 2011
- Neubauer, Jürgen: *In Mexiko. Reise in ein magisches Land.* Twentysix Verlag, Norderstedt 2017

Erwin Thoma
- Thoma, Erwin: *Dich Sah Ich Wachsen. Was der Großvater noch über Bäume wusste.* Servus bei Benvento Publishing, Wals bei Salzburg 2016
- Zürcher, Ernst: *Die Bäume und das Unsichtbare, erstaunliche Erkenntnisse aus der Forschung,* AT Verlag, Aarau und München, 2016

Zwischentöne 6
- Davidson, Richard & Begley, Sharon: *The emotional Life Of Your Brain. How it's unique patterns affect the way you think, feel, and live – and how you can change them.* Penguin, 2012

Reise nach Dharamsala

- Pema, Jetsun: *Zeit der Drachen. Die Autobiografie der Schwester des Dalai Lama.* Erste Deutsche Ausgabe. Hoffmann und Campe Verlag, Hamburg 1997
- His Holiness The Dalai Lama, Franz Alt: *An Appeal tot he world, the way to peace in a time of Division,* Benevento Publishing 2017
- His Holiness The Dalai Lama: *Beyond Religion, ethics for a whole world,* by Harper Collins Publishers 2015
- Singer, Tania / Ricard, Matthieu: *Mitgefühl in der Wirtschaft. Ein bahnbrechender Forschungsbericht,* Albrecht Knaus Verlag, München 2015
- Tania Singer im Gespräch, Ö1 Sendereihe Juni 2015

Alle anderen Zitate stammen aus Originalinterviews für »But Beautiful«, aufgenommen in der Zeit von Oktober 2015 bis November 2018.

Weiterführende Medien:

- Eisenstein Charles: *Die schönere Welt, die unser Herz kennt, ist möglich.* Scorpio Verlag, Berlin, München 2014
- Norberg-Hodge, Helena: A*ncient Futures. An Intimate Portrait Of Life On The Tibetan Plateau – Offering Profound Insights For The Modern World.* Local Futures. 3. Ausgabe 2016
- Salgado, Sebastiao: *Genesis,* Taschen Verlag, 2013
- Scheidler, Fabian: *Das Ende der Megamaschine. Geschichte einer scheiternden Zivilisation.* Promedia Verlag, 2015
- Scheidler, Fabian: *Chaos. Das Neue Zeitalter der Revolutionen.* Promedia Verlag, Wien 2017
- Scheub, Uwe / Pieplow, Haiko / Schmidt, Hans-Peter: *Terra Preta. Die schwarze Revolution aus dem Regenwald.* Erweiterte Neuauflage 2017. Oekom Verlag, München 2013
- Thoma, Erwin: *Strategien der Natur. Wie die Weisheit der Bäume unser Leben stärkt.* Benvento Verlag, München – Salzburg 2019
- Tsering, Diki: *Dalai Lama, My Son. A Mother's Story.* Penguin Books, India 2000
- Von Förster, Heinz / Pörksen Bernhard: *Wahrheit ist die Erfindung eines Lügners, Gespräche für Skeptiker,* Carl Auer Systeme Verlag, Heidelberg 1998, 2016
- Von Förster, Heinz
  CD: *2 × 2 = grün. Originaltonaufnahmen,* hrsg. v. Klaus Sander. supposé, Köln 1999
- Welzer Harald: *Selbst Denken. Eine Anleitung zum Widerstand,* Fischer Taschenbuch, Frankfurt am Main 2014
- Film: Franz Reichle / Francesco Varela: *Monte Grande. Was ist Leben?* 2006
- Vortrag: Kenny Werner: *A Masterclass in Playing Jazz,* New York, 2012

Unser Dank geht an:

Allen voran **Antje Kunstmann** und **ihrem Verlag** für die große Geduld und das Vertrauen

Karin und Erwin Thoma für die wunderbare Arbeitsklausur in Goldegg, viel Ermutigung, Erheiterung und innige Freundschaft

unseren Ko-Produzenten **Peter Rommel** für seinen unerschütterlichen Glauben an dieses Projekt und die langjährige herzliche Verbundenheit

Kathleen Reinicke und **Claus Falkenberg** von Ford Fidicin in Berlin für ihre großartige, verlässliche und präzise Arbeit an den gemeinsamen Projekten! Sie sind nicht zu bremsen, wenn es ins Finale geht und immer für uns erreichbar!

Maria Kluge, die uns nach Dharamsala gebracht hat und seit Jahren mit großem Herzen an unserer Seite ist

Peter Schipek für seinen unermüdlichen und selbstlosen Einsatz für *unsere Projekte* und seine treue, freundschaftliche Begleitung über viele Jahre

Andreas Leusink von Henschel Schauspiel für die liebevolle Beratung in allen wichtigen Belangen

Moreau für seine scharfen Analysen und die Promotion all unserer Projekte

Christine Horn und **Thomas Esterer** für den inzwischen fünften Titelentwurf und die lustigen Sitzungen dazwischen

André Stern, der uns aus der Ferne stets ermutigt und uns verbunden ist

und nicht zuletzt unseren Töchtern **Annina** und **Jana Kriechbaum** für ihre Ermutigung, das oftmalige Korrekturlesen und ihre Unterstützung in allen Lebenslagen

FSC

© Verlag Antje Kunstmann, München 2019
Umschlaggestaltung: Esterer und Horn
Layout und Satz: Heidi Sorg und Christof Leistl
Druck & Bindung: Kösel, Altusried
Gedruckt auf Papier aus nachhaltiger Forstwirtschaft
ISBN 978-3-95614-322-9